JN441131

죽음을 배우면
삶이 반짝인다

정지승 지음

님께

당신의 삶이 위대하고 아름답길 기원드립니다.

작가 정 지 승

웰빙에서 웰다잉의 그날

- 죽음을 배우다, 삶을 알다

죽음을 배우면 삶이 반짝인다

정지승 지음

별이 지는 시간의 공부를 하며...

웰다잉전문강사 정지승 교수의 신작

문학공원

차례

제2장

떠난 후에도 나로 남는다는 것

제3장

수많은 후회들, 그리고 그 너머

제4장

아름다운 여행길

추천의 글

죽음을 공부하는 일은 결국 삶을 사랑하는 일이다. 이 책을 읽고 나면 '끝'이 아닌 '새로운 시작'을 느끼게 된다.

- 박서진 강동대학교 ESG창업경영학과 교수

귀한 삶을 다시 한 번 돌아보게 하며, 우리들의 하루하루가 앞으로 헛되지 않고 잘 살아가다가 잘 마무리할 수 있도록 전도하는 역할을 하는 이번 정 대표님의 책 출간을 누구보다도 더 진심으로 축하드립니다.

- 김남규 O2리조트 사장

삶에 대한 열정과 긍정적 에너지가 가득한 정지승 대표님이 이번에 '웰다잉'을 통해 우리에게 깊은 삶의 메시지를 전합니다. 누구나 알면서도 외면해왔던 죽음의 두려움을 성찰과 준비의 시간으로 이끌며, 결국 진정한 '잘 살기'란 무엇인지 다시 생각하게 하는 따뜻한 안내서 같은 책입니다.

- 박성숙 삼척시평학습관 주무관

삶을 위해, 우리가 가야할 길을 알려주니, 칠흑 같은 바다의 등대와 같구나! 바다에 등대가 따로 없네!

- 박두순 선생님(정지승 작가의 은사님)

나의 사랑하는 동생 정지승, 우리 누나! 언제나 역경을 이겨내며 자신만의 작은 나무를 한 그루 한 그루 심어가는 모습이 참 아름답습니다. 끊임없이 노력하시는 그 열정을 늘 응원하며, 이번 다섯 번째 책 출간을 다시 한 번 진심으로 축하드립니다.

- 정수자, 정명우, 정명국, 정명삼(정씨 오남매) 일동

멋쟁이 정 대표를 항상 옆에서 응원하며 5번째 출판을 축하드립니다.

- 김홍래 마이크로닉시스템(주) 대표이사

사랑은 누군가를 위한 것이 아니라, 나 자신을 위한 것임을 알려주신 당신의 삶의 가치관을 진심으로 존중합니다. 항상 고마우며 그리고 무엇보다도 당신을 많이 사랑합니다.

- 박종용, 사랑하는 당신의 남편

건강하고 행복한 삶만을 생각하고 살아온 나에게 죽음이라는 단어는 매우 두렵고 낯설지만, 삶의 마지막을 가치있게 준비하는 것도 중요하다는 것을 깨닫게 해주었습니다.

- 이혜숙 삼척가정폭력성폭력통합상담소

정지승 대표님을 오랫동안 지켜보면서 느낀 것은 한결같다는 것이다. 스스로 연구하고 정진하는 모습. 이 책에서 우리가 어떻게 잘 살고 이 세상을 잘 떠날 수 있는가를 스스로 돌아볼 수 있도록 좋은 시간을 제공하고 있다.

- 박경순 (전)평택해양경찰서장, 시인

『죽음을 배우면 삶이 반짝인다』는 죽음이라는 주제를 통해 삶의 본질을 다시 바라보게 하는, 조용하지만 깊은 울림을 지닌 책입니다. 이 책의 저자 정지승 대표는 삶에 대한 뜨거운 열정과 사람에 대한 깊은 사랑과 애정을 지닌 분입니다. 가볍게 흘려보냈던 하루, 당연하게 여겼던 관계들이 새롭게 빛나기 시작합니다. 이것이 이 책이 지닌 가장 큰 힘입니다. "지금의 삶은 충분히 살아지고 있는가?" 이 질문은 독자를 멈춰 세우고, 자신의 삶을 돌아보게 합니다.

- 박경은 가득이심리상담센터

사랑하는 동생 정지승 대표 아주 멋지게 살아줘서 고맙습니다. 늘 응원하고 너의 앞날에 축복이 가득하길 소망합니다. 다섯 번째 책 출판 진심으로 축하하며 강하고 담대하게 충만한 삶의 리더가 될 수 있길 항상 기도드립니다.

- 박창희 육전국밥 당산역점 점주 & KMI에셋(주) 천호지사 본부장

삶과 죽음은 서로 떨어져 있는 것이 아니라, 하나의 긴 여정 속에서 서로를 비추는 빛과 그림자입니다. 이 책은 그 여정을 따뜻하고 지혜롭게 안내해줍니다. 2026년 새출발 새도전 앞에 우리 친구 정지승 교수님의 다섯 번째 출판을 진심으로 축하합니다.

- 김태은, 신미숙, 신지현, 여경미, 이숙임(여고 동창, 해바라기모임) 일동

정지승 작가의 글은 많은 형제와 다복한 가정 속에서 나눠먹으며 양보하고 자란 가슴 따스한 사람이 쓴 글이다. 그의 글은 단순히 죽음을 준비하고 사는 동안 잘 살아가자는 글이라기보다는 외로움에 지친 사람들에게 내미는 풀꽃의 흔들림처럼 평화로움을 주는 글이다.

- 김순진 문학평론가 · 한국문인협회 이사

••• 제1장 •••

자신을 깨우는 묵직한 고백

[마음 정리하기]

하나.

마지막까지 나답게…

세상에 태어나 유일무이 이 세상 하나라는 나는, 너는, 그리고 당신은…
매순간 최선을 다하지 않는 이가 어디 있겠는가.
겉으로는 모두가 같은 방향을 향해 달리는 듯 보이지만,
사실 우리는 각자의 인생길에서 길을 찾고, 헤매고, 서성이며
결국 지금의 나와 마주하게 된다.
그렇다.
매일이 전쟁 같았고, 모두가 최선이었다.
그 시간들은 이제 추억의 한 장면들이 되어
슬픔과 기쁨, 그리고 나의 이기심마저도 이겨낸 날들을 증명한다.
나는 지금, 나와 마주하는 거울 앞에서 이 글을 쓴다.
인생의 마지막이 언제일지는 누구도 모른다.
그러나 언젠가 찾아올 손님을 맞이하기 위해
과거의 나에게도, 미래의 나에게도,
그리고 지금의 나에게도 늘 친절해야 함을 나는 안다.
숨막히듯 달리며, 때로는 멈춰 서며,
그 모든 날들이 나를 이루었다.
마지막 순간까지, 나는 나답게, 끝까지.

작가의 한마디

시작이 있었으니 끝이 찾아온다. 그리하여 우리는
생과 사의 궤도를 돈다.

프롤로그 · 1

잘 살고, 잘 웃다, 잘 떠날 수 있기를…

살다 보면 알게 됩니다
무언가를 이루는 일보다
마음을 나누는 일이 더 어렵고
정상에 오르는 일보다
그 자리를 지키며 따뜻하게 사는 일이
훨씬 더 어렵다는 걸요
저는 오랜 시간

누군가의 엄마로
누군가의 아내로
누군가의 딸로
또 사회 속 작은 일꾼으로 살아왔습니다
늘 나보다 '누구를 위해' 살아야 했기에
정작 '나'를 바라보는 시간은 참 늦게서야 시작됐습니다.
그렇게 마흔을 넘고, 쉰을 지나
삶의 어느 구비를 도는 동안
가슴 속 깊은 곳에서 조용히 묻혀 있던 질문이 떠올랐습니다.
"나는 누구였을까?"
"나는 지금 잘 살고 있는 걸까?"
"죽음이 내 앞에 찾아온다면, 후회 없이 맞을 수 있을까?"
그 질문들 앞에서
저는 다시 글을 쓰기 시작했고
그 마음을 따라
웰다잉이라는 길을 걷게 되었습니다
죽음 공부는, 삶 공부입니다
죽음을 준비한다는 건 단순히 장례를 생각하는 일이 아닙니다
지금의 나를 돌아보고
내가 남긴 흔적을 되짚어보며
"지금부터 어떻게 살고 싶은가?"를 묻는 아주 용감한 질문입니다
그래서 저는 오늘도 웰다잉을 말하며
누군가와 소통하며
무대 위든 강의실이든 길거리든

있는 그대로의 삶과 감정을 나누려 노력합니다
울어도 괜찮고
실수해도 괜찮고
지금 이대로 살아가는 우리 모두에게
그 자체로 충분하다는 말을
진심으로 전하고 싶기 때문입니다
이 책은
그런 제 인생의 이야기이며
여러분에게 건네는 작지만 진한 손편지입니다
저는 아직도 실수합니다
가끔은 지치고, 울고,
도망치고 싶을 때도 많습니다
하지만 그 모든 순간에도
내 안의 생명이 여전히 살아 있고
사랑하고 싶은 마음이 남아 있다는 것 하나만으로도
우리는 다시 살아갈 이유가 충분합니다
마지막까지
한 줄의 후회 없는 삶
웃으며 잘 떠날 수 있는 준비를
오늘도 조금씩
작지만 성실히 해나가고 있습니다
살아온 날들보다
남은 날들을 더 단단히 품고 살아갈 수 있기를
그리고 그 길에

이 책이 조용히 곁이 되어주기를 바랍니다
이 글을 읽는 당신도
나처럼 충분히 잘 살고 있는 중이라는 걸
기억해주셨으면 좋겠습니다
잘 살고
잘 웃다
잘 떠날 수 있기를…
이것이
제가 여러분께 전하고 싶은
가장 진심 어린 인사입니다
고맙습니다
그리고 사랑합니다

프롤로그 · 2

지승이 이야기

가난이라는 이름표를 달고 달려온 내 인생은,
너무도 훌륭했기에 감히 이렇게 말해봅니다.

남쪽 끝 작은 어촌 마을, 가난한 집안의 네 번째 아이로 태어난 정지승. 나는 어릴 적부터 가난이 싫었습니다.

그렇다고 잘하는 게 딱히 있던 것도 아니었습니다. 노는 것 말고는, 뚜렷한 재주가 없었으니까요. 중학교 시절까지 성적은 늘 하위권이었고, 예쁘다는 말조차 들어본 기억이 없습니다. 하지만 동네 어르신들은 "쟤는 마음이 착하고 선하다"며 종종 말씀해주셨습니다.

그 말 한마디가 내 안의 작은 자존심이 되어주었습니다.

가난이라는 수식어로 시작된 나의 청소년기. 남들보다 조금 더 힘겹게, 조금 더 일찍 철이 들었습니다. 그리고 마음을 다잡아, 지방의 한 전문대학에서 다시 시작했습니다.

그 시작은 작고 소박했지만, 지금 나는 고려대 석사를 졸업했고 박사과정의 끝을 향해 한 걸음씩 나아가고 있습니다.

돌아보면 나는 매 순간 내 삶을 외면하지 않았습니다. 현실을 피하지 않았고, 그때마다 주어진 자리에서 할 수 있는 최선을 다해 살아왔습니다.

세상은 언제나 빛으로만 다가오지 않았습니다. 어둠과 상처, 추위와 외로움, 무수한 고통들이 반복되었습니다.

하지만 그 반대편에는 희망이 있었고, 도전이 있었고, 무너진 자존감을 다시 세우려는 의지가 있었습니다. 그렇게 나는, 나만의 방식으로 나를 다시 만들어 나갔습니다.

그 길 위에서 나는 성장했고, 조금씩 성숙해졌습니다. 그리고 마침내, 나도 꿈을 꾸는 법을 배웠습니다. 세상은 누구에게나 불공평해 보입니다.

하지만 내가 선 자리에서 스스로 선택한 공평함은 언제나 정당했고, 정의로웠으며, 공정했습니다 그래서 지금, 나는 이렇게 나의 이야기를 글로 남길 수 있음에 감사합니다.

나는 참 잘 살아왔고, 그리고 매 순간 포기하지 않고 내 삶의 지도를 그려가며 스스로 길을 찾아 나선 나는, 모험가였습니다. 그 모험가는 엄마가 되었고, 아내가 되었고, 그럼에도 멈추지 않았습니다. 가족의 힘이란 얼마나 위대한지, 나는 날마다 체험했습니다.

그들의 삶이 더욱 빛나길 염원하며, 나는 언제나 그들 옆자리에 머물며 묵묵히 지원자가 되었습니다. 그렇게 최선을 다하는 날들이 반복되었습니다.

어느 날, '강사'라는 이름으로 20년이 넘도록 나를 지켜온 나 자신이, 대표가 되고, 교수가 되어 또 하나의 꿈을 만들어가는 모습을 보았습니다. 그리고, 정말 눈물겹도록 크게 웃었습니다. 그리고 말해주었습니다.

"너라서 할 수 있었던 거야."

힘겨웠고 아팠던 지나온 날들이 내 안에서 자양분이 되어주었음을, 다시 한번 감사했습니다. 가난하다고 타박한 적은 한 번도 없지만, 그 가난을 물려주신 내 아픈 부모님이 지금 우주의 별 어딘가에서 이 자랑스러운 자식을 바라보고 계시기를 진심으로 바랍니다. 이 책을 통해 많은 분들과 위로를 나누며 희망을 전하고 싶습니다.

1

기다려주지 않는 시계들

"나는 이곳에, 당신은 그곳 어디쯤에 서성이지만
우리는 항상 함께였지."
삶과 죽음은 분리된 것이 아니었다
살다가 가는 것, 그뿐이었다
사는 것과 죽는 것, 그 사이에 놓인 건 한 줄의 얇은 연결선
끝이 있어야 시작이 있고, 시작이 있기에 끝도 존재한다
그 연결선 위에서 내 인생의 시계는
언제나 나만의 속도로 흘러간다
기다려주지 않는, 되돌릴 수 없는
오직 '지금'만을 재촉하는 시계들
그래서 나는 죽음을 두려워하지 않는다
오히려 살아 있음의 감각을 더 또렷이 느끼는 시간
그 시간을 배우고 준비하며 살아가고 있다

작가의 한마디

기다림은 여유롭지만, 자연스러운 것이다.
인간은 누구나 죽음 앞에 공포스럽고 두렵기 마련이다. 신이 아니기에….

2

나는, 그렇게 살아가고 싶다

나에게 주어진 강연장에서 행복해지려 합니다.

누구를 만나든, 어디에서 어떤 얼굴로 마주하든 내 강의가 그들의 마음을 울리고, 그들의 정신을 일깨우는 한 문장이 되기를 바랍니다.

그래서 나는 내 에너지와 열정을 다해 온몸으로 무대에 섭니다.

삶과 죽음, 웰빙, 웰에이징, 웰다잉. 이 모든 주제는 우리가 살아가며 언젠가는 반드시 마주해야 할 일상의 일부입니다. 아침을 먹고, 점심을 먹고, 저녁을 먹듯 삶과 죽음 또한 그렇게 자연스럽고 반복되는 여정입니다.

어제의 태양이 오늘을 밝히듯 삶과 죽음은 늘 맞닿아 있습니다.

나는 그 앞에, 준비하는 사람이고 싶습니다.

후회 없는 마음으로 오늘 하루를 살아가는 사람이고 싶습니다. 그래서 나는, 강연장에서 이 철학과 태도를 알리고 전하고 살아냅니다.

내가 믿는 삶의 방향을 말하고, 그 말이 누군가의 내면을 조금이나마 움직이기를 바랍니다.

언젠가 내 열정의 날들이 아쉽지 않도록. 후회로 남지 않도록.

내 숨소리가 꺼져가는 그 순간, 울부짖지 않기 위해 나는 지금, 편히 숨쉬며 편히 움직일 수 있을 때, 내가 살아온 삶을 나눕니다.

내가 선택한 순간들, 내가 믿은 최선이 나를 이끌었다고.

그 말을 내가 먼저 나에게 해줄 수 있도록. 그리고 내 몸의 에너지가 다 빠져나가고 내 마음의 영혼이 떠날 즈음, 행복하고 아름다운 눈빛으로 남은 이들과 이별할 수 있기를 바랍니다.

나의 죽음을 맞이하기 전, 나는 당신의 죽음 앞에서 배웠습니다.

너의 죽음이, 나를 두려움 없는 하루하루의 삶으로 이끌어 주었다고. 그렇게, 말하며 떠나고 싶습니다.

언제가 되든 어디서든 조용히, 그러나 단단히.

그렇게 말입니다.

작가의 한마디

후회스럽지 않은 인생을 아름답게 만들어가고 싶은 정지승의 바램.

3

메멘토모리 그리고 나의 안녕

카르페 디엠을 외치기 전, 나는 먼저 메멘토 모리를 기억해야 한다고 믿는다.

죽음을 기억함으로써 나는 비로소 살아 있음을 자각하게 되니까.

나는, 죽음에 대한 두려움을 심력(心力)의 힘으로 이겨내며, 생각의 전환, 태도의 변화를 연습하며 살아가고 있다.

반복된 연습, 익숙해진 습관의 날들 속에서 우리는 누구나 작은 공포를 조금씩 벗겨내고, 여유로움의 시간들을 조금 더 길게 품을 수 있으리라.

나는 나의 삶이 가치 있었음을 기록하고, 후회 없는 인생을 살아가야 한다고 믿는다.

사랑하며 살아야, 그 사랑이 그리워지고, 그리움이 쌓여 추억이라는 작품이 되어간다.

행복하며, 스스로 행복한 오늘의 나는 더 이상 누구의 삶도 부럽지 않다.

그러니 나는 이제, 조용히 말하려 한다. “안녕.”

지금 이 순간부터…

내 또 하나의 인생을 향해 다시 만남을 기대해 보려 한다.

작가의 한마디

삶과 죽음은 늘 하나였다고 말하네, 옛날 아주 옛날부터.

4

지금을 살아라

지금, 이 삶을 사랑하기.

삶은 늘 완벽하지 않다. 때로는 예기치 못한 고통이 찾아오고, 때로는 아무리 애써도 결과가 따라주지 않는다. 하지만 그럼에도 불구하고, 삶은 여전히 살아볼 만한 가치가 있다. 왜냐하면 그 속에는 작은 기쁨, 뜻밖의 위로, 그리고 나를 성장시키는 수많은 순간들이 조용히 숨어 있기 때문이다.

나는 이제야 알게 되었다.

삶은 거창한 성공이나 눈부신 성취로만 빛나는 것이 아니라는 것을. 오히려 삶은 아침 햇살에 눈을 뜨는 순간, 따뜻한 차 한 잔을 마시며 숨을 고르는 시간, 누군가의 안부를 묻는 짧은 대화 속에서 가장 깊고 진하게 빛난다.

삶을 긍정한다는 건 무조건 웃고, 괜찮은 척하는 것이 아니다.

그건 내가 아픈 날에도 내 마음을 정직하게 바라보며 "그래도 오늘을 살아내고 있어."라고 스스로를 다독이는 일이다.

삶을 긍정한다는 건 내가 가진 것에 감사하며 내가 없는 것에 집착하지 않는 일이다. 내가 지금 누릴 수 있는 것들…, 숨 쉴 수 있는 공기, 걸을 수 있는 다리, 누군가와 나눌 수 있는 마음…, 그 모든 것이 이미 충분히 아름답다는 걸 깨닫는 순간, 삶은 더 이상 부족하지 않다.

나는 이제 삶을 하루하루 선물처럼 받아들이려 한다. 어제의 후회는 조용히 흘려보내고, 내일의 불안은 잠시 내려놓고, 지금 이 순간에 나의 온 마음과 온 영혼을 담아 살아간다.

왜냐하면 지금이야 말로 내가 숨 쉬는 시간이고, 내가 사랑할 수 있는 시간이며, 내가 나답게 존재할 수 있는 유일한 순간이기 때문이다.

삶은 때로 나를 시험하지만, 그 속에서 나는 더 단단해지고, 더 따뜻해지고, 더 나다워진다.

그러니 나는 오늘도 삶을 긍정하며 살아간다.

완벽하지 않아도 괜찮은 하루, 그 하루가 모여내 인생을 빛나게 해줄 테니까.

작가의 한마디

과거는 아름다운 추억으로, 미래는 설레는 환상으로 남기고
오직 지금 이 순간을 온전히 살아가라.

5

결국, 나야 나!

결국, 나야 나…! 내 인생의 주인으로 살아가는 선언!

결국, 나야 나! 남의 생각과 의견은 참고일 뿐, 내 삶의 방향을 정하는 건 언제나 나의 마음, 나의 판단이다.

사람들은 말한다.

"그건 너무 무모해."

"이 나이에 그걸 왜 해?"

"그 길은 너무 험하지 않아?"

하지만 그 말들은 내 인생의 궤도를 그릴 수 없다. 그건 오직 내가 그려야 할 지도다.

내가 어떤 길을 선택하든, 그 길을 걷는 발걸음은 내 것이고, 그 길에서 넘어졌을 때 다시 일어나는 힘도 내 안에서 나온다.

나는 내 인생의 행동대장이다.

누가 뭐라 해도, 내가 느끼는 감정, 내가 품은 꿈, 내가 내린 결단이 가장 진실하고 가장 강력하다.

그래서 나는 오늘도 외친다.

"나야 나!"

내 인생, 내가 간다. 누구의 그림자도 아닌, 나만의 빛으로 나만의 속도로 나만의 방식으로 이 길을 걸어간다.

실패해도 괜찮다.

그건 내가 시도했기 때문이고, 후회해도 괜찮다. 그건 내가 살아있기 때문이다.

내가 나를 믿는 순간, 세상은 더 이상 두렵지 않다. 내가 나를 응원하는 순간, 삶은 더 이상 외롭지 않다.

남의 생각과 의견은 참고일 뿐
내 생각의 결론, 내 판단이 제일 중요하다
왜냐고요? 결국, 인생의 궤도를 그리는 사람도…
결국, 인생을 움직이는 행동대장도…
결국, 나니까!
나야 나!
내 인생, 내가 간다!

작가의 한마디

내 하루, 내 인생, 내가 주인공이야.

6

오메오메, 살아봉께야

- 엄마에 대한 그리움

오메오메…
한 평생을 살아봉께야…
아야, 머시기 그랑게 다 똑같드라야
나나 너나 다 없이 살믄서
없는 집 자슥들만 한 없이 낳아서는…
인자는 고생 끝인가 싶었는디, 새끼들이 다 잘 커서
"아따, 이젠 좀 살것다" 싶었는디, 아 근디…
염병할 노릇이다야, 오메… 오메… 어짜카냐
염병하네. 몸뚱아리가 여그 아프고 저그도 쑤시고
안 아픈 데가 없단 말이다. 어째불 것이여, 잉… 그래도야
살 날 얼마나 더 남았것냐
고생은 질리게 했다만 아직 숨 안 끊어졌응께
여그 나와서 요로콤 말이라도 혀보는 거 아니냐. 그랑게야!
우리 오늘 많이 많이 웃다가 가자야
웃다보믄 고생도 잊고
마음이 한결 풀리고

행복이 슬그머니 스며들 것이여 잉…

오메오메

그래 살아불지라

- 우리 엄마 고 박모단 여사님의 버전

작가의 한마디

세상엔 모과도 살고 사과도 산다, 모두 자기 삶을 산다.

7

우리 모두의 가슴엔 돌멩이 하나쯤

우린요, 누구에게나
자기만의 돌멩이 하나쯤
가슴에 담고 살아가고 있답니다
그러니 나만 무겁다 탓하지 말아요
보이지 않는 남의 주머니 속 돌멩이는 원래 잘 보이지 않는 법이니까요
그리고요 나만 힘겹다 징징대지 말게요
말없이 내 앞에 서 있는 그 친구
어쩌면 더 버겁고 더 아픈 날들을 지나면서도 아무렇지 않은 듯
밝게 웃고 있을지 몰라요
그래요 맞아요
우리 모두 안고 사는 무게는 조금씩 다르지만
그 무게가 없는 사람은 없답니다.
그러니… 오늘!
한 번 웃어봅시다.
하하 호호 히히 포포…
소리 내어 웃고 서로 안아주고

말없이 등을 토닥이며
그렇게… 우리 같이, 살아갑시다.

작가의 한마디

인간의 삶은 다 똑같더라.
남들이 편해보이는 건 내 착각일 뿐….

8

안녕을 고하는 날에

- 죽음의 시간을 맞이하며

인생의 꽃은 피어야 비로소 꽃다워지고
인생의 바람은 불어야 시원해지는 것이지
인생의 아픔은 겪어야만 비로소 이겨낼 수 있고
인생의 즐거움은 느껴봐야만 참된 웃음으로 다가오는 법
결국… 우리네 인생 마지막 날
그날이 오면 나는 이렇게 말하고 싶습니다
꽃은 피었고, 바람은 불었으며, 아픔은 견뎠고, 즐거움은 웃었다.
그리고 이제 나는
고요히 안녕을 고합니다
그날이 기쁨의 작별이 되기를…

- 아버지의 죽음 앞에서

작가의 한마디

아름다운 인생의 꽃, 피우리라.
사랑하는 아버지여,
당신의 그 고운 꽃향기 언제나 내 곁에 머무르소서.

9

우리의 시간은 기다려주지 않는다

- 죽음공부를 시작하며

우리의 시간은 우리를 기다려주지 않습니다
효도할 시간도, 사랑할 시간도, 행복을 만드는 시간도,
심지어는 나 자신을 이기는 시간도…
우리를 일부러 기다려주지 않습니다
그러니 그 모든 시간은 내가 만들어가야 합니다
내가 이끌고 내가 선택하고 내가 판단하고
그리고 행동해 나아가야만
비로소 내가 행복해지는 삶을 살아낼 수 있습니다
그렇게 살아가야만… 우리가
후회 없이, 허무 없이, 안쓰러움 없이
아쉬움 없이
이 삶을 떠날 수 있습니다.
그래서 나는 지금부터라도
죽음 공부를 하고 있는 중입니다
죽음을 공부한다는 것은
결코 슬픔을 연습하는 일이 아닙니다

오히려 더 깊고 더 선명하게 살아보려는 태도입니다

작가의 한마디

내 인생은 내가 책임질 줄 알아야 참 어른이지.

10

즉시, 시작하라

당신에게 가장 빛나는 시작의 순간을 기억하시나요?

태어난 순간 우리 모두는 환영을 받고, 사랑을 받고, 기쁨의 존재를 느꼈을 겁니다.

빛나는 시간들이 있었기에 그 기억을 잊지 않고 도전하고 또 도전했던 시간들이 수없이 반복되었지만, 여전히 우린 망설이고 있는 날들이 많습니다.

즉시, 시작하라. 망설임은 아무것도 만들어내지 않는다. 생각만 하고 있으면, 그 생각은 결국 후회로 남는다.

"그때 할 걸…."

"왜 그 순간을 놓쳤을까…"

그런 말들이 마음을 무겁게 짓누른다.

하지만 바로 그때, 마음이 움직일 때, 가슴이 뛰는 그 순간에 몸도 함께 움직여야 한다. 그제서야 후회 대신 기억이 생긴다. 경험이 생기고, 성장이 시작된다.

하고 싶다고 느꼈을 때, 그 마음은 우연이 아니다. 그건 내 인생이 나에게 보내는 신호다. "지금이야. 바로 지금이야." 그 순간을 놓치지 말라. 그때가 바로 내 인생의 가장 적절한 타이밍, 가장 빛나는 시작이 된다.

지금이다. 내일은 아직 오지 않았고, 어제는 이미 지나갔다. 지금 이 순간만이 내가 선택할 수 있는 유일한 시간이다.

언제든 그때가 내가 움직이기로 결심한 바로 그 순간이다.

그 순간이 내 인생의 궤도를 바꾸고, 내 삶의 색을 바꾸고, 내 미래를 다시 그려준다.

작가의 한마디

너는 저 빛나는 별들 중 가장 빛나는 별인걸 알고 있었니?

11

행복합시다

오늘의 점 하나가 작아 보일 수 있지만
그 점은 내일의 점이 되어
둘이 되고 셋이 되고
하루가 이틀, 한 달이 되고…
그리하여 일 년을 이루고
하나의 원을 그려 갑니다
결국 작은 하나의 점이
우리 인생의 꿈을 이루는 힘이 되어줄 거라 나는 믿습니다.
그래서 오늘 힘을 내고 많이 웃고,
오늘의 나의 점 하나에 성실해지고자 합니다
행복합시다 오늘도…
긍정 마인드 리셋

작가의 한마디

하이얀 도화지의 멋진 그림 한 폭은 점 하나로 시작되었지.

12

나부터가 그러하더라

우리는 지금
이 순간이 너무도 버겁고 힘들다 말하고 있지만…
사실은 그 고통은 내가 이겨낼 수 있을 만큼의 것이었음을
지나고 나서야 비로소 알게 됩니다.
그때는 끝인 줄 알았고, 그만두고 싶은 마음이 전부인 줄 알았지만…
시간은 조용히 말하더군요.
"그건 너도 넘을 수 있는 거였어."
그렇게 깨닫고 나서도 우린 여전히 어리석은 행동을
반복하고, 또 반복합니다
그리고 나부터가 그러하더라

작가의 한마디

인간은 지독한 이기주의자다.
반대로 인간은 따뜻한 이타주의자다.

13

비 오는 날에는

비 오는 날에는
세상 누구의 슬픔인지도 모른 채
아무런 이유 없이 마음이 가라앉습니다
마음 한구석이 시리고, 마음 한쪽이 저립니다
그리고 또 다른 마음 한쪽은 "함께 울자"며
조용히 손을 내밉니다
누구의 슬픔인지… 나는 잘 모릅니다
누구의 아픔인지… 그것도 잘 모릅니다
하지만 그 슬픔과 아픔이 나에게도 항상 있었음을
나는 알고 있습니다

작가의 한마디

혼자 우는 날엔 소리없이 흐르는 보슬비처럼 슬펐다.
함께 우는 날에는 온몸이 촉촉해지지만, 따뜻함이 함께였지.

14

희망 한 줄기

어둡고 깜깜하던 긴 밤이 지나고
어둠 속 작은 빛 한 줄기가 서서히…
내 마음으로 스며듭니다.
…희망이지. 맞아, 희망이야.
그렇게 생각하고 나니 마음이 한결 편안해집니다
그렇게 생각하고 나니
온몸이 가볍게 떠오릅니다
나는 지금 그렇게
지금을 보내고 있습니다
지금을 보내는 것도… 나의 기쁨이니까요.

작가의 한마디

희망은 작은 홀씨 같은 거야.

15

화의 본질

인간들의 화(禍)는
성공의 여부도 실패의 결과도 아니다
그 화는 노력의 부족함을 자신이 용서하지 못해서 생긴다
나에게 따라오지 않는 행운의 여신 때문이라 여기며
원망하고, 실망하고, 후회를 흘리듯 내비친다
그러나 사실은…
너의 부족한 인내심, 너의 부족한 긍정에너지
너의 끊임없는 열정의 결핍 때문이었거늘… 아직도 모른다
아쉽다

작가의 한마디

성공만 있다면 실패를 모르고 건방져진다.
실패를 모르고 성공만 한다면 아픔을 모른다.
실패와 성공은 속과 겉 같은 거야.
인간의 속과 겉이 하나되듯이.

16

당신은 나의 부모였소

아프고 슬픈데도
현실은 멈추지 않고 나아가야 하는구나
울고 싶고 시린데 그 멈춤조차도
사치가 되는 삶이었구나
우리네 부모는… 못 배우고 못 먹고
제대로 받아보지도 못한 정을 단 한 방울도 남기지 않은 채
그 모든 걸 우리에게 들이대고 또 들이대며 살아오셨더라
그래서 온몸에 진이 다 빠져버린 채
그 자리에 서 계셨구나
죽음 앞에, 그 어떤 말보다 더 무거운 침묵으로 고개 숙인
내 아부지여…
당신은 너무도 위대하시고 너무도 강하시며
너무도 고마우며 너무도 감사한
세상에 하나뿐인 빛나는 분이십니다
나의 아부지 나의 어른
나의 존경의 심력, 당신은
나의 부모였소.

작가의 한마디

내 부모가 보고 싶고 또 보고 싶다.
도대체 무슨 말이 필요하리오.

17

사랑나무는

우리의 삶 속 사랑나무는…
무한열차요 무한도전이며 무한긍정이요
무한베풂이며 무한사랑입니다
그 끝은 없고 그 멈춤도 없지요
마치… 부모나무처럼 말이지요.
아무 대가 없이 묵묵히 주고
말없이 품으며 지치지 않는 사랑으로
우리를 지켜내는… 그런 사랑나무
우리도 그 아래서 자라고 있습니다

작가의 한마디

인생의 삶과 죽음은
정지승 나무 한 그루 심어서 거두는 과정처럼.

18

삶과 죽음의 선에서

세상에…
슬프지 않은 이별이 과연 어디 있으랴
우리는 그렇게 결국
삶과 죽음의 연결선에서 이어진 채로 하나가 되어간다
먼저 가는 이의 슬픔
남아 있는 이의 아픔
그 두 길은
서로 다른 듯 보이지만
사실은 같은 선 위에서 천천히 만나고 있다
삶과 죽음…
그 어느 선에서 우리는
다시 서로를 이해하게 된다.

작가의 한마디

반복되었던 슬픔과 아픔의 감정 덩어리들은
마치 아침 점심 저녁을 먹는 것처럼 자연스러운 것이다.

19

여행길, 소풍길

죽음은 누구에게나
공포이고 두려움입니다
그러나… 죽음은
그럼에도 불구하고 누구에게나 공평합니다.
그래서 욕을 먹지 않습니다
홀로 태어나야 하듯
우리는 홀로 떠나야만 합니다
지구와 우주의 중간 어디쯤으로 이동해가는…
조용한 여행 같은 것, 소풍 같은 것
죽음은
그런 것이 아닐까요.

작가의 한마디

지구별의 아름다운 여행을 마치고
우주별로 이사하는 길이 잠시 슬플 뿐,
또 다른 여행길이다.

20

숙명의 인연

부모와 자식은… 숙명이며 진리입니다
거부도 사양도 의사도 존중되지 않았습니다
그렇게 부모와 자식처럼
삶과 죽음도 긴 하나의 연결고리입니다
그리고 삶과 죽음의 길 앞에서는
그 누구도 자신의 뜻대로 움직일 수 없습니다
그것은 우리의 선택이 아니라
주어진 길이기 때문입니다

작가의 한마디

열 달 동안 탯줄로 연결된 부모와 자식의 연을 누구 원망하리요.

21

흐르는 대로… 그런데

우리네 시간들, 흐르는 대로
우리네 아픔도 기쁨도 이별도…
그저 흐르는 대로
그렇게 지나가는 대로 보내면 되는데…
잡지 말고 그저 웃으며
기쁘게 보내면 되는데
정말로 그렇게만 하면 될 것 같은데…
그게 그렇게 안된다
이별 앞에서는 누 · 구 · 나…

작가의 한마디

강물이 위에서 아래로 흘러가듯 우리의 삶도 그렇게 자연스레 이어진다.
그 흐름 속에 삶과 죽음이 함께 어우러져 자연스러운 하나로 순환된다.

22

우리 인생 정리

가지런히 앉아 있는 전봇대 위 참새처럼 우리 인생도
그렇게 차분히 정리되어 줄지어 나열되고 준비되어
하나하나 차근차근 정돈된다면…
우리 인생, 참 쉬울 것 같습니다
참 가벼울 것 같습니다
하지만 마음처럼 몸이 따르지 않고
몸처럼 현실이 받쳐주지도 않으니…
결국 아무것도 해 놓지 못한 채 아쉬움만 남긴 채
조용히 너무도 조용히…
내 부모처럼 그렇게 떠납니다

작가의 한마디

책상이 정리되듯 인생도 하나하나 정리되어 갈 때,
비로소 마음은 한결 가벼워지고
서운함보다는 담담한 평화가 찾아온다.

23

당신은

당신은 죽음 앞에 서 있습니다
당신은 지금
이 시간들을 두려움과 침묵으로 맞이하고 있습니다
당신이 짓눌러온 인생의 허무함 속에서…
당신을 사랑했던 가족들과
당신으로 인해 행복했던 순간들을 기억하고 있나요
눈을 감은 채로
인생의 마지막 문을 두드리는
가장 조용하고도 따뜻한 노크해봅니다

작가의 한마디

인간의 마지막 순간, 누구에게나 찾아오는 침묵의 고요함.

24

죽음 앞에서

이 세상 그 무엇보다 강하고 똑똑해 보이는 인간
이 세상 모든 것을 소유하고 다스리는 인간
그런 인간이…
백 년을 살기조차 어렵다
그런 인간이… 세상에서 제일 나약하다
언제부터인가 죽음 앞에서 공포에 떨고
두려움에 휩싸여 무서워지는 인간
죽음 앞에 당당하고
죽음 앞에 웃을 수 있는 자… 아무도 없다.
그 누구도 있을 수 없다
그러니 우리는 조금이라도 위안을 가져보리라
늦지 않게 후회스럽지 않게
조용히 준비하리라

작가의 한마디

인간은 나약하기에 혼자 살 수 없었고
그래서 더욱 정답고 따뜻했다.

25

당신 앞곁에서 해가 되어

자꾸만 내 얼굴을 그리워하며 울지 않아도 되어요
오늘은 별이 되어
당신 곁에 찾아오리요
당신의 어둡고 슬픈 표정 속에 아련한 지난 추억만 붙잡지 말아요
오늘은 달이 되어 당신을 만나러 오리요
날이 좋아 모두가 웃으며 꽃구경을 나갈 때
어두운 방 한구석에서 혼자 아파하지 말아요
오늘은 해가 되어 당신에게 오리요
잠시 떨어진 시간들이 잠깐 헤어진 몇 분처럼 느껴지도록…
잊지 않고 기억하고 있으리요
별이 되고, 달이 되고, 해가 되어
당신에게 다시 오리다

작가의 한마디

자연 속 해와 달, 바람과 구름, 나무와 흙은
나를 지켜주는 수호신들이다.

26

두려움은 사계절 같다

인간을 연구하는 수많은 사람들이 말했다
인간은 가장 약한 동물이라고
당신 몸속에 암덩어리가 돌아다닌다는
의사 선생의 짧은 한마디에…
식은땀이 내 온몸을 적시고
공포와 두려움이 나를 휘감으며
다리가 풀리기 시작했다
살고 싶다…
외치는 소리가 들린다
저 깊은 내장 밑 가장 아랫자리에서 울려 나오는 숨겨진 생의 울림
두려움은 나랏님도 알고 신들도 알고
인간이라면 누구나 마주하는… 사계절 같은 것
찾아오고 머물고 지나가고
다시 돌아오는 것

작가의 한마디

"만약 인간이 쇠똥구리처럼 강인했다면,
한평생 고진감래의 참된 뜻을 알 수 있었을까."

27

그래서

누굴 딱히 기다리고 있는 건 아닙니다
누구에게서 전화가 오길 바라는 것도 아닙니다
그저… 내 마음 한켠에서 외롭다는 감정이 올라왔고
그 외로움이 결국은 기다림이었음을 깨닫게 되는 데에는
그리 오래 걸리지 않았습니다
오늘은 또렷한 내 몸과 마음으로 옛 추억 속 한 사람이
유난히 그리운 날입니다
내 육체와 영혼을 조금씩 갉아먹는 매일매일의 죽음 앞에서
나는 조금씩 익숙해져 가고 있는 듯합니다
그래서 그런지… 조금은 여유도 생긴 듯하고
그래서 그런지… 이제는 세상 빛이 누구보다 더 멋지게 보입니다
그래서…

작가의 한마디

인간의 마지막 욕심은 빛나는 삶이다.

28

봄날의 기운처럼

강물이 녹아 조르르 흐르는 소리에 귀 기울여 들어보세요
산들에 나불거리는 초록빛 새싹들
눈을 크게 떠 바라보아요
사람들의 옷깃이 가벼워져 설레는
걸음으로 거리를 채워가는 것을 즐겨보아요
온 우주의 기운이 새로이… 새롭게…
다시… 시작되고 있음을 온몸과 마음으로 맞이해요
봄날의 홀씨처럼 기억 저편에 나를 이쁘게 남겨두고
봄날의 기운처럼 새로이, 새롭게
다시 한 발 한 발 더 나아가는
오늘, 그리고 내일
그렇게 살아가는 당신이 되길 바라요
봄날의 작은 씨앗처럼 온 세상을 날아가 봐요, 지금

작가의 한마디

누구나 세상의 빛이 되고, 누구나 세상의 힘이 되고 싶어한다.
그 마음은 매 순간마다 피어난다.

29

좋은 것들을 적어놓고 떠나가리라

좋은 것들을 적어놓고 떠나가리라
기억 속 웃음이 깃든 장면들만
조용히 추억하리라
삶과 죽음을 공포처럼 두려워하던 그 어느 날
내게 가까이 온 죽음이라는 존재를
이제는 태연히 받아들이는 나
나는 봄날의 청춘을 그리며
여전히 입가에 미소를 머금은 채
푸른 하늘의 흰 구름을 바라본다
그리고 그 구름 한 점이 되어
늘 당신 곁에 머무르고 싶다는 말
이제 조용히 전하며 떠나가리라

작가의 한마디

조용한 나의 기록이지만, 위대한 나의 삶이었기를…

30

또 하루가 간다

떠나는 이는 마음이 서글프고
보내는 이는 마음이 아려온다.
죽음은 그렇게… 우리 삶의 동행자로 언제나
옆자리에 조용히 머물고 있다
때로는 아프고 슬프고 서럽고 기쁘고 행복하고,
아름다웠던 것들을 영원한 책장 속에 조용히 넣어둔 채…
연기처럼 사라지곤 한다
홀로 선 듯한 아픔을 잊지 말라고
당부를 전하는 반쪽의 마음
우리는 그 마음을 제대로 헤아리지 못한다
홀로 남겨진 슬픔을 매일 다독이며
그를 그리워하는 반쪽의 마음은…
떠난 이를 아쉬워하며
여전히 이해하지 못한다
그리고는 후회만 가득한 채로
그를 만날 준비를 하며 오늘도 또 하루를 보낸다

작가의 한마디

나는 언제나 최선이었다.

31

그 작은 날들이

잘 사는 게 뭘까
맛난 걸 먹고 좋은 걸 입고 좋은 집에서 살며…
편안함과 행복감을 느끼는 것
조금만 더 생각해보니…
잘 사는 건 내가 이 순간, 이 시간, 그리고 오늘
웃으며 숨 쉬고 있는 것이네
그 작은 일이… 이리도 힘이 겨웠네
그 작은 날들이…
이리도 후회 가득이네
그래서 잘 살아야겠네
아주 잘 살아야겠네
그래서 언젠가… '잘 살았구나.'해야겠네.

작가의 한마디

누구나 후회하는 시간들이 있고,
누구나 잘 해보고 싶은 시간들이 있다.
그 시간들 속에서 나는 성장했다.

32

강인했던 너에게 보내는 러브레터

지금껏… 잘 살아왔든 못 살아왔든
어린 나이에 일찍 독립하여 야무지고 씩씩하게 살아온 강한 아이야.
지금처럼 세상을 지혜롭게 보고
욱하는 성질은 조금씩 줄이고
타인에게 상처 주는 말과 행동은 이제 멈추자
사랑하며 감사하며 버티고 인내하고
이겨내며… 최선을 다해 살아보자
인생에서 가장 중요한 건 건강이다
지금부터는 건강도 잘 챙기자
그리고… 사랑해 사랑한다, 넌
아주 멋진 아이야, 넌
항상 씩씩한 아이야, 넌
그래도 이쁜 아이야, 넌
그래도 성공한 아이야, 넌
그렇게, 잘 살아온 아이야.

작가의 한마디

무슨 말이 필요하니, 멋지구나.

33

잊고 살았네

살아보니
저 뜨거운 태양빛처럼 열정적이었던 날에도 살아보니
구름 속에 갇혀 세상빛이 흐려져 우울했던 날에도 살아보니
어두운 밤 한 줄기 희망조차 보이지 않던 날들 속에서도 살아보니
오늘이 최고인 줄 알았는데…
아직 살아보지 않은 내일이 기대되기도 하더라
언제나 어디서나 어떤 상황에서도…
그곳의 주인공은 나였지
나였어
그걸…, 깜빡 잊고 살았네

작가의 한마디

주인공처럼 살아온 당신,
후회 없이 꿋꿋이 걸어온 당신,
진심으로 고맙소

34

앞만 보고 달렸다

앞만 보고 달렸다
분명 내가 바라본 앞모습은…
희망과 성공의 메시지들뿐이었다
뒤를 돌아보기에는 시간이 없다는 생각
낭비하지 않으려 도전과 행동으로 맞섰다.
그런데… 삶이란 게…
보는 대로 가는 대로 되는 건 아니더라
실패라는 아픔이라는 상처라는 가슴 시림 속에서
비로소 알게 될 때쯤엔…
후회 투성이었다
앞도 보고 뒤도 돌아보고 옆도 둘러보며 살아가도…
시간은 그저 흘러가고 있었다
그리고 나는 아쉬움만 남긴 채…
그 길 위에 조용히 멈춰서 있었다

작가의 한마디

고난이 있었기에, 나는 이길 힘을 만들었고
슬픔이 있었기에, 나는 웃을 이유를 찾았다.

35

온 우주의 신이시여

온 우주의 신이시여!
오늘도 이 작은 체구에게 강한 멘탈과 부드러운 마음을
그리고 긍정의 끝판이 되는 하루를 허락해주옵소서
먼저 많이 웃고 많이 행복해하는 하루가 되게 해주옵소서
내가 하는 일 내가 함께하는 이들과
소통하며 이해하며 인정받는 작은 영혼이 되게 해주옵소서
당신이 있어 감사하고 행복할 수 있는 가족이 되게 해주옵소서
감사함을 매순간 느끼고
인식하며 웃을 수 있는 하루가 되게 해주옵소서
그리고… 사랑하는 나의 작은 몸짓의 결과가
후회도 아픔도 아닌 스쳐 지나가는 바람소리처럼
작지만 여운을 남기는 하루가 되게 해주옵소서
그리하여 마침… 인생의 향기처럼 살아가고자 하는
고요한 바람처럼 자유롭게 해주옵소서, 아멘

작가의 한마디

기도하오니, 부디 들어주시옵소서.

36

감사의 시작, 나로부터

내가 살아 있음에 감사하고 내가 웃을 수 있음에 감사하고
내가 밥 먹고, 차 한 잔 할 수 있음에 감사하고
누군가에게 그 차 한 잔을 사줄 수 있음에 또 감사하고
내가 나를 바라볼 수 있음에,
내가 내 가족을 사랑할 수 있음에… 또 감사하고
그리고 내 인생의 주체이며
주인공이 나라는 것을 알 수 있기에 감사합니다
오늘도 감사,
지나온 어제도 감사.
사람은 사람에게 상처를 받기도 하지만
가족이라는 소중하고 사랑스러운 존재에게 위로를 받을 때
타인에게 받은 상처쯤은…
연고 하나로도 회복될 수 있습니다.
하지만 가장 슬픈 건,
내가 나에게 아픔을 이기지 못하고, 내가 나에게 자책하고
내가 나에게 후회만 안기고 있을 때… 그것이야말로

가장 아프고

가장 슬픈 순간입니다

그래서 오늘 내가 나를 칭찬하고

내가 나에게 힘을 주며

이 작은 몸에 온 우주의 기운을 받아들이라고 말해봅니다

그때가… 가장 행복한 순간이며

자아존중감이 빛나는 증거입니다

작가의 한마디

행복한 인생에 늘 감사합니다.

37

나의 그리운 친구야

내 마음이, 너에게 말하고 싶어!
온 세상이 노란 개나리, 하얀 목련, 붉은 진달래로 가득한 이 봄날에…
나의 오래된 친구야!
차 마시고 싶을 때 향기 가득한 차 한 잔을 앞에 두고
우리의 추억을 조곤조곤 이야기하고 싶구나
나의 그리운 친구야!
맛있는 밥 한 끼 함께 나누며
이 행복한 봄날을 네 옆에서 같이 보내고 싶구나
그래야… 너의 마음을 내가 알 수 있을 것 같아
…알겠지?

작가의 한마디

누구나 소중한 몸과 마음을 이끌고 여기까지 왔으니,
그걸로도 충분히 칭찬받아 마땅하리라.

38

작은 소망

생각해보니 나는 너무도 나약한 인간의 악한 존재 중 하나였다
생각해보니 포기를 빨리 했고
눈을 돌려 원망을 주로 남 탓으로 돌리는 그런 사람이었다
생각해보니 내가 가진 것보단 내게 없는 것만 찾으며
시간을 낭비했고, 화가 나서 웃지도 못했다
생각해보니 마치 백 년, 아니 천 년쯤 살 것처럼
하루하루의 소중한 시간을 소홀히 흘려보내고 있었다
생각해보니 잘되면 내 덕, 안 되면 상대 탓
눈치 보며 탓, 탓, 탓! 탓쟁이처럼 살아왔다
생각해보니 나는 이렇게 찌질한데
겉으로는 착한 척, 좋은 사람인 척
척척척을 일삼으며 스스로를 위로해왔다

그리고… 이제 와서 생각해보니
지금 이 순간을 성실히, 행복하게, 즐겁게 살아가는
그 작은 소망이 가장 큰 나의 내일임을 이제야 알게 되었다

그리고 그런 생각을 좀 더 빨리 할 걸… 싶었다

작가의 한마디

모든 걸 잘할 수는 없지만,
잘하려 애쓰며 살아가는 것이 인간의 예의다.

39

그럼에도 나는

인간은…

참 한결같이 모두가 다 이기적이다

말로는 “아니야.”하면서도

행동은 이기심을 넘어 기회주의자처럼 보인다

비단 내 눈에만 그렇게 보이는 건 아닐 것이다

왜냐하면 바라보는 그 사람들도 결국은 다 같은 종자이기 때문이다.

아무리 “나는 인격이 좋아” “나는 인성이 바르다” 자부해도 결국…

옳고 그름을 판단하고 자신의 이해를 먼저 따지는

‘생각하는 동물’이라는 본성은 그 누구도 부정할 수 없다

그래서 인간은 자신을 방어하려는 태도를

너무도 자연스럽게, 당연하게 취한다

자신의 이익을 위해,

그리고 돈이라는 놈 앞에서라면…

판을 가로질러서라도 달려갈 수 있는 존재다

그리하여 나는… 그 당연함 앞에 무릎 꿇지 않으려 한다

나는 당당하게, 씩씩하게, 앞으로 나아가려 한다

크게 한숨 한번 쉬고, 마음을 단단히 묶고
지금 나는 준비하고 있다

작가의 한마디

자신 있게 살아야 비로소 자신감이 생기는 법이다.

40

선택은 나의 작은 능력

내가 감당할 수 있고, 바꿀 수 있으며
끝까지 해볼 만한 일들이 있다
그럴 땐 절대 포기하지 말아야 한다
하지만 내 능력 밖의 상황이라면
억지로 끌어안고 아파하거나 상처받을 필요는 없다
그저 빠르게 방향을 틀고
나에게 맞는 길을 다시 찾아 나아가면 된다
그것이 가장 현명하고, 나답고, 나스러운 선택이다

작가의 한마디

내가 바꿀 수 있는 것은 끝까지 해내고,
바꿀 수 없는 것은 빠르게 인정하고 방향을 바꾸자.
그게 나답고 지혜로운 삶이다."

41

아버지의 몸에 암이 산다네

- 아버지를 존경하는 딸 지승이 올림

어릴 적 부모를 잃고 평생 고아로 외로이 살아오신 내 아버지. 처갓집 동네에 터를 잡고 제 사람답게 살아보겠노라 애쓰셨지만 날파리 들끓는 속에 남는 게 하나 없던 그 지난 세월.

처자식 먹여 살리려고 남의 집살이도 마다하지 않으시고, 한 몸 불사르며 밤낮없이 일만 하셨던 아버지.

정말이지 눈물겨운 우리 아버지.

세상 복이라곤 하나도 모르고 사셨지요.

그래도 오남매 잘 키워 이제야 좀 호강하시려나 했는데….

평생 고생만 시킨 마누라, 뇌출혈로 쓰러지시고, 8년 동안을 반신불수로 지내는 아내 곁을 당신은 묵묵히, 누구보다 성실히 지켜오셨지요.

그리고 반쪽 떠난 지 겨우 4년, 이제는 아버지 몸에 암이 산다 하십니다.

죽도 밥도 아니라 하고, 노환으로 수술도 어렵다 하니 이제 숨 쉬는 것조차 벅차다 하십니다.

"이제 좀 살려니, 이제 좀 숨 쉬려니 왜 이리 아프냐?"하시며 작은 방 안에서 한숨만 내쉬는 당신.

내 아버지, 내 아버지.

불쌍한 내 아버지.

나는 그저 이 세상 무딘 고생 없이 이제는 편안히 사랑하는 부모님을 만나시고 그동안 못 받으신 사랑, 곱절로 받으며 사랑덩어리로 계시기를 두 손 모아, 간절히 기도할 뿐입니다.

작가의 한마디

한평생 고생하신 아버지를 존경하고 사랑하는
당신의 야무지고 당찬 딸 정지승입니다.

••• 제 2 장 •••

떠난 후에도 나로 남는다는 것

"남겨진 사람의 가슴에 오래도록 머무는 나"

[마음 정리하기]

둘.

죽음을 배우면, 나의 삶이 깊어진다

죽음을 배우기 전, 그 무게는 내 마음을 짓누르는 거대한 돌 같았다. 언젠가 맞이해야 한다는 막연한 소리에 내 마음의 가지들은 바람 앞의 나뭇잎처럼 흔들렸다.

안정을 찾지 못한 채, 이리저리 부딪히며 기웃거리는 나.

그러다 어느 날 알게 된 몇 가지 사실이 내 마음을 붙잡아 주었다.

죽음은 한글 공부와 같다. 배우면 배울수록 편안해진다. 죽음은 영어 공부와 같다. 배우면 배울수록 흥미롭다. 죽음은 인생의 길찾기와 같다.

배워야 길을 찾을 수 있고, 배워야 지금의 나를 만날 수 있다.

배움이 곁에 있어야 삶의 깊이를 알 수 있다.

배움을 소홀히 하지 않아야 내가 누구인지,

어떻게 살아야 하는지를 알 수 있다.

죽음에 관한 깨달음은 작은 상자 속 비밀 카드 같지만, 사실 그 상자는 태어날 때부터 우리 손에 쥐어져 있었다.

다만 우리는 그 상자를 꺼내 실행에 옮기기 버거워했을 뿐. 외면하며 살았을 뿐이다.

그러니 오늘 하루도 나의 마음 깊이를 채우며 살아가자.

작가의 한마디

배워서 어찌 남 주랴.

인생의 배움마다 뜻이 있거늘.

1

떠난다고 끝이 아니다

어떤 사람은 죽고 나서 더 오래, 더 깊게 살아남는다. 사람의 말 한마디, 남긴 손편지, 마지막 안부 전화 한 통이 시간이 흘러도 가슴속에 남아 힘든 날, 다시 살아보게 한다.

잘 죽는다는 건 잘 사랑하고, 잘 정리하고, 잘 떠나는 것이다.

이 장은 당신의 마지막 날을 가장 '나답게', 가장 사랑스럽게 남기기 위한 연습이다.

떠난다는 것은 결코 끝이 아니다. 우리는 흔히 '죽음'이라는 단어 앞에서 모든 것이 멈춘다고 생각하지만, 실제로는 그렇지 않다.

어떤 사람들은 이 세상을 떠난 뒤에도 여전히 우리 마음속에 살아 숨쉰다. 그들의 말 한마디, 조용히 남겨진 손편지 한 장, 그리고 마지막에 건네진 안부 전화 한 통은 시간이 흐르고 계절이 바뀌어도 쉽게 사라지지 않는다.

오히려 그 기억들은 고된 순간, 절망 속에서 다시 일어설 힘이 되어주고, 삶의 의미를 되새기게 한다. 잘 죽는다는 말은 참 묘한 말이다.

살아가는 동안 우리는 '잘 사는 법'을 배우려 애쓰지만, 정작 '잘 죽는 법'에 대해서는 제대로 고민하지 않는 경우가 많다. 하지만 죽음도 삶의 일부임을 받아들이면, 그것이 곧 사랑을 깊이 하고, 내 삶을 차분히 정리하며,

마지막 순간까지 나답게 머무르는 과정임을 알게 된 다. 잘 죽는다는 것은 결국 '잘 사랑하는 것'과 '잘 정리하는 것' 그리고 '잘 떠나는 것'이 함께 이루어지는 아름다운 마무리이다.

이 장은 바로 그 마무리를 위한 연습이다.

내게 주어진 마지막 시간이 온다면, 나는 어떤 모습으로 남고 싶은가.

후회는 남기고 싶지 않고, 사랑하는 사람들과의 관계는 아름답게 정리하고 싶다.

그리고 무엇보다도 가장 나다운 모습으로 이 세상과 작별하고 싶다. 그러기 위해선 삶의 끝자락에서조차 나를 잃지 않고, 사랑과 평화로 나를 감싸안는 연습이 필요하다.

누구에게나 마지막 순간은 반드시 찾아온다. 그 순간이 두렵고 낯설지 않도록, 지금부터 마음을 다해 준비하는 것은 결코 쓸모없는 일이 아니다. 오히려 그 연습은 살아있는 지금 이 순간을 더욱 값지고 충만하게 만들어 준다. 삶과 죽음이 이어지는 자연스러운 흐름 속에서 나답게 존재하는 법을 배워가면서, 나는 나 자신과 주변 모두에게 진정한 사랑과 감사로 남을 수 있을 것이다.

그래서 이 장은 단지 '끝'을 위한 준비가 아니다. 그것은 삶의 마지막 순간까지 '나'를 사랑하는 연습이며, 삶을 온전히 마주하는 용기 있는 한 걸음이다. 그렇게 떠난 뒤에도 나의 사랑과 기억은 오래도록 남아, 누군가의 가슴속에 따뜻한 빛으로 빛나기를 바라는 마음으로.

작가의 한마디

끝의 반대편이 시작이요, 시작의 반대편이 끝이라면
정작 시작과 끝은 하나가 틀림 없다.

2

안녕이라고 말해야 하는 그날

그날은 아마 많은 말보다 단 한마디의 인사로 모든 것을 대신하고 싶을지도 모릅니다.

"안녕."

짧지만, 얼마나 많은 의미를 담고 있는지.

헤어짐의 인사이면서 또 다른 만남을 약속하는 말이기도 하니까요.

나는 언젠가 이 삶을 떠나야 한다는 걸 알면서도 늘 오늘을 살아내는 일에만 집중하며 버텨왔습니다.

가끔은 지치고, 가끔은 울컥했지만 여기까지 온 내게 고맙다고 말해주고 싶은 순간들이 쌓여갑니다. 그래서 이제는 생각해봅니다.

안녕이라고 말해야 하는 그날, 나는 어떤 얼굴로, 어떤 마음으로 마지막을 맞이할 수 있을까요.

누군가는 그날이 두려워 눈을 감고 외면하겠지만, 나는 그날이 오기까지 매일 조금씩 '잘 떠나는 연습'을 해보려 합니다.

사랑한다고, 미안했다고, 그리고 고마웠다고 미루지 않고 말하는 연습.

떠나는 순간이 슬픔만으로 물들지 않도록, 남겨질 사람들의 가슴에도 따뜻한 빛 하나 남겨놓고 싶습니다.

죽음은 끝이 아니라 삶을 다 써내려간 이들에게 주어지는 조용한 쉼표일 뿐.

그 쉼표 앞에서 나는 맑고 평화로운 마음으로 이 한마디를 남기고 싶습니다.

"안녕. 정말, 고마웠어.

그리고 나를 사랑해줘서… 모두 안녕."

작가의 한마디

이별의 안녕이 있어야 또 다른 만남의 안녕이 들어오겠지.

3

기억으로 남는 삶, 존재의 흔적

우리는 모두 누군가의 딸이었고, 누군가의 아들이었습니다. 또 누군가의 엄마가 되고, 아빠가 되어 갑니다.

이렇게 관계 속에서 태어나고, 사랑하고, 떠나는 삶. 그것이 인간이라는 존재의 여정입니다.

삶이란 결국 기억의 흔적을 남기는 일인지도 모릅니다.

우리는 날마다 무언가를 주고받습니다. 따뜻한 말 한마디, 곁에 있어주는 시간, 손끝의 온기, 눈빛의 위로. 그 모든 것이 흔적이 되어, 시간이 흘러도 사라지지 않는 기억의 결로 남습니다.

당신이 살아온 날들은, 어떤 날은 웃음이었고 어떤 날은 눈물이었습니다.

하지만 그 모든 날이 모여 한 사람의 '인생'이 되었고, 이제는 우리의 가슴에 남는 추억의 날들이 되었습니다.

죽음은 끝이 아니라, 또 다른 여행의 시작일 것입니다. 당신이 걸어간 길, 지구에서의 인연은 여기에서 멈추지만, 당신이 향한 하늘의 길, 천국으로의 여정은 또 다른 연인 같은 존재, '하늘'과의 만남이겠지요.

이제 우리는 말합니다.

당신은 우리와 하나였다고. 당신의 존재는 흔적으로 남아 우리의 일상 속에 조용히 말을 걸어옵니다. “나는 여전히 너의 안에 살아 있다.”고.

그러니 삶의 끝은 존재의 소멸이 아닌 사랑의 흔적이 완성되는 순간일지도 모릅니다.

작가의 한마디

'삶의 기억'과 '존재의 흔적'

삶에서 죽음으로 이어지는 여정에 대한 묵상의 시간은 추억이다.

4

홀로 서는 시간

울고 싶을 때 왜 내 곁에는 나 말고는 아무도 없었을까 문득 그런 생각에 잠긴다.

내가 느끼는 그 깊은 외로움과 슬픔을 함께 나눌 수 있는 사람이 왜 없을까. 하지만, 어쩌면 그것은 인간이라는 존재가 가진 태초의 법칙인지도 모른다.

우리는 홀로 태어나고 홀로 이 세상을 헤쳐 나가며 홀로 떠나는 존재라는 진실.

그럼에도 불구하고 우리는 누군가와 함께라고 믿고 싶고 누군가 내 아픔을 알아주길 바라지만, 결국 그 아픔은 내 안에서 홀로 마주해야 하는 것이리라.

삶이라는 여정은 가끔은 고독이라는 무게를 짊어지고 걷는 길이다.

그 무게가 너무나 무거워 숨조차 쉬기 힘든 순간에도 우리는 나 자신과 눈을 맞춰야 한다.

홀로 있음이 외롭고 힘들지만, 그 홀로 서 있는 시간 속에서 비로소 나를 만나고 나를 이해하는 깊은 시간이 된다.

그 시간들이 모여 내가 더 단단해지고 더 너그러워지며 더 온전히 나로 서게 만드는 것일 테다.

아무도 없는 그 순간, 그 외로움의 바다 한가운데서 나는 나를 안아준다.

그리고 다시 한 걸음 내딛는다.

작가의 한마디

외로움은 우리가 피할 수 없는 인생의 그림자입니다.
누구에게도 기대지 못하는 순간,
비로소 나는 나를 가장 깊이 들여다보게 되었습니다.

5

나는 위로를 참 잘하는 사람인데

나는 위로를 참 잘하는 사람이다. 누군가의 표정이 조금만 어두워져도 그 마음의 결을 먼저 알아차린다. 말하지 않아도 느껴지는 슬픔, 숨기려 해도 번지는 불안…, 그런 감정들을 나는 조용히, 부드럽게 감싸줄 줄 안다.

타인의 얼굴은 내 눈에 먼저 들어온다. 그들의 표정, 그들의 눈빛, 그들의 말투 속에 숨어 있는 마음을 나는 놓치지 않는다. 그래서 나는 늘 누군가에게 작은 위로가 되어주었다. 말 한마디, 손길 하나, 그들이 잠시 숨을 고를 수 있도록 내 마음을 내어주었다.

그런데 문득, 나는 나에게 물었다.

"나는 나를 위로한 적이 있었던가?"

내가 힘들었던 날, 내가 지쳐 있었던 순간, 나는 내 얼굴을 바라본 적이 있었던가?

아마도 아니었을 것이다. 나는 늘 타인의 감정에 민감했고, 내 감정은 뒤로 미뤄두었다.

내 얼굴의 표정보다 타인의 얼굴이 먼저 보였고, 내 마음의 울림보다 타인의 고통이 더 크게 들렸다. 그래서였을까. 나는 나를 위로한 기억이 없다. 내가 울고 싶었던 날, 나는 울지 않았다. 내가 쉬고 싶었던 날, 나는 멈추지 않았다. 내가 나를 안아주어야 했던 날, 나는 나를 외면했다.

이제야 깨닫는다. 위로는 타인에게만 필요한 것이 아니라는 걸. 나에게도, 내 마음에도, 내 영혼에도 위로가 필요하다는 걸.

나는 이제 내 얼굴을 바라보려 한다. 지쳐 있는 눈빛, 말없이 참아온 입술, 무너진 마음을 안고 있는 표정을 조용히 들여다보려 한다.

그리고 말해주려 한다.

"괜찮아, 너도 힘들었지."

"수고했어, 참 잘 버텼어."

"이제는 너를 안아줄 차례야."

나는 위로를 참 잘하는 사람이다. 그러니 이제는 나를 위로할 줄도 아는 사람이 되고 싶다. 내가 나에게 건네는 첫 위로가 조금은 서툴고 어색하더라도 그건 분명 내가 나를 사랑하기 시작한 증거일 것이다.

우리는 내 얼굴의 표정보다 타인의 얼굴 표정이 먼저 눈에 들어온다.

나는 위로를 참 잘하는 사람인데, 정작 내가 힘들 땐 내 얼굴이 보이지 않았던 걸까.

그래서였을까. 그래서 나는 나를 위로한 기억이 없는 걸까.

작가의 한마디

타인을 사랑하며 살아온 나는
나만을 위해서 살아가야 하는 이유를 지금에야, 찾았다.

6

하고 싶은 일이 있었다

하고 싶은 일들이 있었다.
내일, 그리고 또 내일을 위해 남겨둔 사람처럼 하루하루를 미루었다.
하고 싶은 일들이 있었던 기억이 있다.
언제라도 나에게 기회는 올 거라 믿으며 뒤로, 뒤로 미뤘다.
나는 시간이 한없이 많을 줄 알았다.
하지만 하고 싶은 일이란 '지금' 해야 하는 것이었고 '내일'은 없는 것이었다.
하고 싶은 일들은 '하고 싶을 때' '할 때' 빛이 나고 희망이 생긴다.
그때 하지 않으면 남는 건 절절한 후회뿐이다.

작가의 한마디

지나간 많은 날들이 추억이 되고, 남은 더 많은 날들은 미래의 씨앗이 된다.

7

내가 마음 다해 주는 말

우리는 누군가를 위로할 때 자꾸 무언가를 해주어야 한다고 생각한다.

그래서 말한다.

"힘내라."

"잘 될 거야."

"넌 할 수 있어."

"아직 기회는 있어."

하지만 그 말들이 때로는 마음을 더 무겁게 만들기도 한다.

진짜 위로는 내 마음을 덜어내는 것이 아니라 상대의 마음에 자리를 내어주는 것이다.

그저 이렇게 말해주는 것.

"힘들었지."

"힘들구나."

그리고 잠시 침묵하며 바라봐 주는 것.

그 순간 위로는 말이 아니라 온기와 눈빛이 된다.

작가의 한마디

우리는 위로를 말할 때 종종 앞을 향한 희망만을 이야기합니다.
하지만 진짜 위로는 지금 이 순간의 아픔을 먼저 알아주는 일 아닐까요.
누군가의 "힘들었지" 한마디에 나는 비로소 울 수 있었고,
그 눈물 속에서 조금씩 다시 일어설 힘을 얻었습니다.
위로는 고쳐주려는 말이 아니라,
그저 함께 있어주는 마음이었습니다.

8

아스팔트처럼 편안한 길은

삶의 길 위에서 피어난 감사의 마음은 언제나 따뜻하고 희망이었다. 아스팔트처럼 평탄한 길은 우리를 상처 입히거나 아프게 하지는 않았다. 하지만 그 길은 너무 매끄러워서 때로는 우리를 나약하게 만들었다. 넘어질 일도, 부딪힐 일도 없기에 조금만 흔들려도 쉽게 포기하고, 자신감을 잃기 쉬웠다.

반면 자갈밭은 달랐다. 발바닥이 아프고, 걸음마다 조심스러워야 했지만 그 길은 우리를 단단하게 만들었다. 넘어져도 다시 일어나는 법을 가르쳐주었고, 상처를 통해 회복의 의미를 알려주었다.

살아보니 알겠다. 그 작은 경험들이 우리를 단단하게도, 또 나약하게도 만든다는 것을. 결국, 어떤 길을 걸었느냐보다 그 길에서 무엇을 느끼고 어떻게 견뎌냈는지가 우리의 삶을 결정짓는다.

나는 20년이 넘도록 강의를 해왔다. 수많은 사람 앞에서 말하고, 때로는 지치고, 때로는 흔들리며 내 마음을 다잡아야 했던 시간들. 그 시간 속에 늘 긍정만 있었던 것은 아니다. 불안도 있었고, 의심도 있었고, 내가 나를 믿지 못했던 날들도 있었다.

하지만 그날들이 있었기에 지금의 여유가 생겼고, 지금의 마음 나눔이 가능해졌다. 내가 걸어온 길이 누군가에게 작은 위로가 되기를 바라며 나는 오늘도 말한다.

"괜찮아요. 그 길도 결국 당신을 단단하게 만들 거예요."

시골의 오솔길도, 넓은 고속도로도 나에게는 늘 감사함의 시작이었다. 좁고 울퉁불퉁한 길은 내 인내를 키워주었고, 넓고 빠른 길은 내 시야를 넓혀주었다.

삶은 다양한 길을 걷게 한다. 그 길이 어떤 모습이든 그 안에서 내가 배운 것, 내가 느낀 것, 내가 나눈 마음이 결국 나를 나답게 만들어준다.

작가의 한마디

편안함은 나를 다치게 하진 않았지만, 단단하게 만들지도 않았다.
감사함으로 나를 이끌었고, 감사함이 나를 편안하게 해주었다.

9

생각만 하고 있으면

생각을 넘어서 행동으로 살아가는 삶, 생각만 하고 있으면 결국 그것은 잡념이다.

처음엔 의미 있는 고민처럼 보이지만, 정리되지 않은 생각들은 머릿속을 어지럽히고, 결국 나를 겁쟁이로 만드는 과정이 된다.

무엇을 할까, 어떻게 할까, 이 길이 맞을까, 저 길이 더 나을까…. 그렇게 머뭇거리다 보면 시간은 흘러가고, 기회는 멀어지고, 나는 여전히 제자리다.

잡동사니 같은 생각들은 나를 움직이지 못하게 만든다. 그럴싸한 이유로 포장된 망설임, 그럴듯한 계획 속에 숨어 있는 두려움. 그 모든 것들이 결국 나를 멈추게 했다.

하지만 나는 이제 안다. 생각은 방향을 잡는 도구일 뿐, 삶을 움직이는 건 오직 행동이라는 것을. 나는 잡념이 아닌 내가 진짜로 생각하는 대로 행동하며 살고 싶다. 내가 원하는 삶을 내 손으로 만들어가고 싶다.

실패해도 괜찮다. 그건 내가 움직였다는 증거니까. 후회해도 괜찮다. 그건 내가 선택했다는 증거니까.

생각에 갇히지 않고, 행동으로 나아가는 삶. 그 삶이야 말로 나를 진짜 나답게 만들어준다.

그래서 나는 오늘도 한 걸음 내딛는다. 작은 행동 하나가 내 삶을 바꾸는 시작이 되기를 바라며.

결국 잡념이다.

생각이 정리되지 않는 잡동사니는 결국 나를 겁쟁이로 만드는 과정과 결과였다.

나는 잡념이 아닌 내가 생각하는 대로 행동하며 살고 싶을 뿐이다.

작가의 한마디

생각만 하다 멈춘 삶은, 결국 잡념에 사로잡힌 삶이었다.

10

놓아주는 연습이 반복되길

우리는 살아가며 수많은 것을 붙잡고 산다.

과거의 상처, 미움, 후회, 잡히지 않는 욕심과 불안. 그 무게는 점점 쌓여 어깨를 누르고, 숨을 가쁘게 만든다. 하지만 놓아야 한다.

놓아주는 연습을 해야 한다.

모든 것을 다 가질 수 없다는 걸, 모든 감정을 끌어안을 수 없다는 걸, 인정하는 용기 말이다.

놓아주는 것은 포기가 아니라, 더 깊은 사랑의 시작이다.

나를 아프게 하는 것을 내려놓고, 가벼워진 마음으로 다시 내 삶을 품는 일.

그리움도, 미움도, 끝내 놓아줄 때, 나는 다시 숨을 쉬고 빛을 본다.

놓아주는 연습은 하루아침에 완성되지 않는다.

때로는 다시 붙잡고, 때로는 또 내려놓고, 그 반복 속에서 조금씩 자유로워진다. 오늘도 나는 놓아주는 연습을 한다. 내 안의 무거운 짐을 한 줌씩 내려놓으며, 나 자신에게 조용히 속삭인다.

"괜찮아, 천천히 가자."

작가의 한마디

인생은 반복이고 연습이다

그러면서 나를 보고 너를 보고 우리를 볼 수 있게 된다.

11

내 앞에 나타난 커다란 벽!

내 앞에 거대한 벽이 나타났다.

그 벽은 내 모든 힘을 끌어모아도 쉽게 무너지지 않는 듯했다.

하지만 나는 알았다.

그 벽을 넘어설 때 비로소 새로운 길이 열리고, 그 길이 나를 앞으로 이끌어줄 것임을.

삶과 죽음은 모두 유한한 길이다.

한정된 시간 속에서 우리는 때로는 맞서 싸우고, 때로는 받아들이며 걸어간다. 그렇기에 그 벽을 넘는다는 것은 단순한 도전이 아니라, 내 존재의 의미를 다시 발견하는 과정일지도 모른다.

끝이 보이지 않는 그 벽 앞에서 두려움을 느끼는 순간에도 나는 믿는다.

넘어뜨린 벽 너머에 기다리는 길이 나의 새로운 시작이며, 삶과 죽음이 어우러진 진짜 여정임을.

작가의 한마디

넘어야 할 벽이 있었기에, 나는 길을 만들 수 있었다.
그 길이 두려움의 끝이라도. 포기하면 안 되는 걸 안다.

12

곁에 두고 사는 것

항상
나를 투시하고 있는 것
나를 암시하고 있는 것
나를 기다리고 있는 것
나를 따라다니며 있는 것
나를 간섭하며 잔소리를 하는 것
돈도, 가족도, 사랑도, 아닌 죽음이라는
건강을 잃어가는 나였기에…

작가의 한마디

죽음은 늘 곁에 있었지만,
난 살아야 할 이유를 찾고 있었다.

13

아쉽잖아

늘 우리를 속이며 살아간다
내가 다가가면 발로 차고 내가 달아나면 팔을 잡으며
나를 가만 두지 않았다 내가 울면 웃고
내가 웃고 있으면 울었던 내 삶
왜 몰랐을까
왜 이제야 알게 되었을까

아쉽잖아

작가의 한마디

삶은 늘 나를 장난감처럼 굴렸지만,
나는 진심으로 살아버렸지.

14

나는 오늘을 모르는데

어찌 내일을 안다고 떠드는가
나는 산 사람도 제대로 사랑하지 못했는데
나는 죽은 사람을 어찌 섬길 수 있겠는가
나는 아직도 철없이 아직도
한숨만 내쉬며 아직도
원망만 하고 있는데
내 인생이
조상 앞에 고개 조아린다고
내 인생이 나를 안아줄까

작가의 한마디

조상 앞에 엎드린다고, 내 삶이 나를 용서해주진 않아.
지금의 나에게 충실하면 될 걸.

15

하루하루 시간은 빠르게 흘러갑니다. 햇살이 뜨거워졌다가 서늘해지고, 계절이 바뀌는 속도는 참 놀랍습니다.

하지만 저는 그 모든 흐름 속에서도 행복만은 느리게, 아주 느리게 내 안에 오래 머물러 주기를 바랍니다.

그 행복이 오래 머문다면, 평범한 날들마저도 반짝이는 순간이 될 테니까요. 사랑 또한 그렇습니다. 아낌없고, 꾸밈 없이 가득 채워져서 기쁨은 마음껏 추억으로 만들고 싶습니다.

오래도록 이야기할 수 있는 추억, 다시 꺼내 보아도 미소가 번지는 추억 말입니다.

그리고 슬픔은… 영원히 머물지 않았으면 합니다.

아픔이 찾아올 때, 그 아픔마저도 언젠가 부드럽게 다독여지고 나를 단단하게 만드는 시간으로 변하길 바랍니다.

그래서 오늘도 저는 조용히 기도합니다.

사랑이 내 안에서 더 깊어지기를, 기쁨은 나를 더 빛나게 하기를, 슬픔은 나를 더 따뜻하게 하기를.

작가의 한마디

행복은 잠시라도 머물다 간다면, 그걸로 충분히 감사한 하루입니다.

16

작은 울림의 한마디는

온 세상 사람들에게 마음을 밝혀주는 어두운 세상
밝게 빛내주는 빛과 같은 마음의 강인한 에너지가 되는 걸
나는 알고 있다
너도 알고 있었다
우린 모두 알고 있지만
그 마음을 나눌 줄 모른다 아쉽게도
그 여유를 느낄 줄 모른다 후회스럽게도
그래서 그러니까 지금부터
내 맘 네 맘을 리셋해보자
지금부터 시작

작가의 한마디

우리는 알고 있다.
다만, 나누는 연습이 서툴렀을 뿐이다.

17

아끼는 것을 가끔은 조금만 멀리 두어 보는 건 어떨까

그리움의 거리가 멀어질수록 의외로 그 마음은 더 깊어지고 더 선명해지기 마련이니까. 너의 손이 닿지 않는 곳에 있을 때조차도 그것은 더욱 단단하게 너에게 다가올 것이다.

사랑도, 행복도, 기쁨도, 즐거움도 가까이 있다고 해서 늘 가까이 있는 것은 아니다.

때로는 조금 떨어져 있어야 그 소중함이 더 크게 느껴지고, 마음 한 켠에서 따뜻하게 빛난다.

그리하여 그 모든 것들은 한 걸음 떨어진 자리에서 더욱 아름답고 깊게 우리 삶 속에 스며드는 법이다.

작가의 한마디

거리를 둘 줄 아는 마음이
진짜 가까움을 만들어주는 그리움과 추억이다.

18

다 보인다

얼굴에는 성격이 나오고 본성에는 인성이 나오더라
좋은 얼굴 좋은 인성
그거 그리 어렵지 않아
뒤로 한 발 떨어진 너를 보려고 해봐
너를 볼 수 있을 때 너는 알게 될 거야
지금 할 수 있는 것들이야
바로 지금이야

작가의 한마디

나를 한 걸음 뒤에서 바라볼 때,
진짜 내가 보인다.

19

한밤중에 내린 눈처럼 그리운 이

돌아가신 엄마를 그리워하며 한밤중에 내린 눈처럼 엄마를 생각하는 내 마음도 조용히, 하얗게 쌓여간다.

엄마의 따스한 손길이 그리워 차가운 바람이 불어오는 날이면 가슴 한 켠이 아릿해진다.

엄마의 사랑은 언제나 내 안에 살아 숨 쉬고 그 순수함과 따스함은 내 삶을 환하게 비춘다.

엄마가 남긴 기억들이 내 마음에 하얗게 내려앉아 앞으로 걸어갈 길을 부드럽게 밝혀준다.

그리움이 깊어질수록 엄마의 사랑도 더 선명해지고, 그 사랑 안에서 나는 조금씩 더 단단해진다.

남은 시간, 엄마의 마음을 안고 내 삶을 사랑으로 채워가고 싶다.

작가의 한마디

내 마음의 눈이 너의 마음에 내려 쌓이길 소망하며
나는 엄마가 되어서 알게 된다.
엄마의 마음을.

20

힘을 내야 힘이 되는 세상

사랑을 내주어야 사랑을 받는 세상
웃음으로 다가가야 웃음을 내주는 세상
기쁨을 아픔보다 더 세게 받아주려는 세상
그렇게 좋은 세상 속에서 내가 살아온 날들을 위로해 보니
내가 살아온 날들이 그리 나쁘지 않음을 알게 되네
알고 보니 그러네
참으로 다행이구나 참으로 감사하구나
내가 잘 살아왔기에 힘이 되었던 세상이었으니
내가 잘 떠나가야
남은 이들도 힘이 되어주는 세상이 될 듯하니…

작가의 한마디

내 삶이 힘이 되었듯
잘 떠나는 것 또한 남은 이들에게 힘이 된다.

21

진정한 너의 길

너무 애쓰지 말자.

인생은 언제나 순탄하지만은 않다.

힘겨울 때는 솔직하게 힘들다고 말하는 용기가 필요하다. 그냥 참기만 하면 마음속 깊은 곳에 상처가 쌓이고, 언젠가 감당하기 어려운 무게로 돌아오기도 한다.

그러니 잠시 눈을 감고, 숨을 고르며 쉬어가도 된다. 우리가 스스로에게 너무 가혹해지지 말자.

힘들어 죽을 것 같을 때, 그보다 더 힘을 내라는 말은 아무 의미가 없다.

그럴 때는 그냥 지금 이 순간의 고통을 인정하고, 스스로를 다독이며 천천히 걸음을 내딛는 것만으로도 충분하다. 힘내지 않아도 괜찮다.

멈추지 않고 나아가는 것, 그 자체가 이미 큰 용기이고 성장이다.

누군가와 비교할 필요도 없다.

비교는 때로 우리를 더 작고 초라하게 만들 뿐이다.

너라는 존재는 누구와도 같지 않은, 그 자체로 완전한 하나의 세계이다.

작은 인생의 순간순간을 너답게 살아내며, 조금씩 더 성숙하고 단단해져 가는 그 과정이야말로 진정한 너의 길이며, 너만이 만들어갈 수 있는 고유한

이야기이다.

그러니 오늘도 자신을 믿고, 너의 속도대로 한 걸음씩 걸어가자. 그 길이 결국 너를 가장 아름답게 빛나게 할 것이다.

작가의 한마디

힘내지 않아도 괜찮아,
너는 이미 충분히 잘 가고 있으니까.

22

일이 잘 풀리지 않으니

너의 일이 잘 풀리지 않으니
많이 속상하지
순조롭지 않는 일들이겠지만 쉽게 그만두기에
아까울 만큼
너의 최선에 박수를 보낼게 너의 인내에 승리를 기원할게
너무도 잘하고 있는 너 지금도 멋진 너
힘을 내면 좋겠다

수많은 일들이 실타래처럼 풀리게 만들어짐을
수많은 일들을 해보니 경험으로 알게 되더라 그러니
지금 힘을 내면 참 좋겠다

작가의 한마디

포기하기엔 그동안 네가 해온 최선이 너무 소중하다.
조금만 더 힘내길 바란다.

23

결국

인생은
될 대로 되는 것이 아니었다
생각대로 되는 것들이였어
내가 어떤 마음을 먹느냐
어떻게 행동하느냐
사람은 생각대로 산다는 말처럼
생각하지 않고 살아가면서
살아가는 대로 생각하게 되더라

작가의 한마디

인생은 생각대로 흘러가고,
결국 생각이 삶을 만든다.

24

0%로 방전된 배터리

삶이라는 긴 여정 속에서, 때로는 배터리가 완전히 방전된 듯 지쳐버릴 때가 있다.

그럴 때면 누군가가 "더 해봐, 더 하면 될 거야."라고 말해주지만, 그 말들은 오히려 내게 부담으로 다가온다.

힘이 다 빠진 몸과 마음에 그런 말은 한낱 잔소리처럼 들리기도 한다. 그래서 나는 묻고 싶다.

걱정도, 생각도, 배려도…. 그리고 아픔과 슬픔, 상처까지도 조금은 덜어내도 되지 않을까.

내가 감당할 수 있는 만큼만, 내가 감싸 안을 수 있는 만큼만 그 무거운 짐들을 내려놓으며 살아도 괜찮지 않을까.

내 안의 작은 불씨가 사그라지지 않도록 부드럽게, 천천히 나를 돌보는 시간을 갖는 것도 결코 게으름이나 포기가 아니다.

오히려 그런 시간들이 쌓이고 쌓여 다시 한 번 힘차게 일어설 수 있는 튼튼한 뿌리가 되어줄 것이다.

지금은 부족해도, 완벽하지 않아도, 그저 오늘을 살아내고 있는 너 자신에게 조금 더 따뜻한 말을 건네자.

"조금 덜 해도 괜찮아, 네가 너인 것만으로 충분해."

그 말 한마디가, 언젠가 다시 빛나는 내일을 맞이하는 힘찬 첫걸음이 될 것이다.

작가의 한마디

지친 나에게 지금은,
'더'가 아닌 '덜어내기'가 필요하다.

25

진정한 공감

어떠한 상황에서든 누구를 위한 공감은 상대방이 느끼지 못하면 똥덩어리야.

그러니 좀 알아둬.

사람과 사람이 만나 이야기를 나누고, 서로의 마음을 이해하려 애쓸 때, 우리는 흔히 '공감'이라는 말을 한다.

하지만 진짜 공감은 단순히 내 생각이나 감정을 상대에게 전달하는 것이 아니다.

진정한 공감은, 내가 느끼는 그 마음이 상대방의 마음속에 닿아, 그가 진심으로 느끼고 받아들여질 때 비로소 완성된다.

아무리 내가 상대의 아픔을 이해한다고 말해도, 상대방이 그 마음을 느끼지 못한다면, 그 공감은 아무 소용이 없다.

그것은 마치 값비싼 꽃다발을 선물했지만, 받는 이가 그 꽃의 향기조차 맡지 못하는 것과 같다.

말뿐인 공감, 혹은 보여주기식 공감은 상대에게 아무 위로도 되지 못한다. 진짜 공감은, 상대방이 자신의 감정을 온전히 느낄 수 있도록 말하지 않아도 알아주고, 보이지 않아도 느껴주는 마음의 연결이다.

때로는 침묵 속에서, 때로는 말 한마디 없이도 그 마음은 전해진다.

우리는 때로 상대의 고통 앞에서 무엇이라도 해주고 싶어 안절부절못하지만, 진정한 공감은 그저 그 자리에 함께 있어 주는 것일 수도 있다.

그 사람이 느끼는 슬픔과 아픔을 억지로 바꾸거나 해결하려 들지 않고, 그저 그 감정을 인정하고 받아들이는 것이다.

그렇게 상대의 마음에 닿는 공감은 내가 아닌, 상대가 중심이 되어야 한다.

그 마음이 전해질 때, 비로소 서로의 마음이 가까워지고, 치유가 시작된다.

그러니 공감을 말할 때마다 그 의미를 깊이 새기고, 내 마음이 아닌 상대의 마음을 바라보길 바란다. 그것만이 진짜 공감이며, 그것만이 서로를 위로하는 힘이 될 테니.

작가의 한마디

진짜 공감은 상대가 느껴야 비로소 공감이다.

26

죽음이 삶의 끝이 아니라 일부라는 진실

세상 어느 누구도 너를 엿보지 않아
너는 그냥 너야
너는 그렇게 너를 만나고
너를 위로하고
너를 안아만 줘야 하고
너를 사랑해 줘야 해
그래야 너가 너를 만들 수 있고
그래야 너가 너를 떠나 보낼 때도 힘이 나게 되어 있어

삶과 죽음은 서로 다른 두 개의 문처럼 보이지만, 사실은 한 줄기로 이어진 길의 양 끝에 서 있다.

우리는 삶이라는 무대 위에서 매 순간 숨 쉬고, 사랑하고, 아파하며 걸어간다. 그리고 언젠가는 누구나 죽음이라는 문턱 앞에 서게 된다.

죽음이 두려운 이유는 그것이 끝이라고 생각하기 때문이지만, 사실 죽음은 또 다른 시작일 수 있다.

삶이란 무대 위에서의 한 장면일 뿐, 죽음은 그 무대 뒤편에 숨겨진

새로운 세계로의 문일지 모른다.

삶 속에서 마주하는 아픔과 슬픔, 상실은 때로 우리를 무너뜨리지만, 그 모든 경험이 쌓여 우리가 더욱 깊고 넓은 사람으로 자라게 한다.

그 과정 속에서 우리는 희망을 발견한다.

바로 '지금 이 순간' 살아 있음의 소중함과 사랑할 수 있는 능력, 그리고 용기다.

죽음이 삶의 끝이 아니라 삶의 일부라는 진실을 받아들일 때, 우리는 비로소 삶을 더 온전히 사랑할 수 있다.

매 순간이 희망이 되고, 매 호흡이 축복이 된다.

그래서 삶과 죽음은 결코 적이 아니며, 서로를 완성하는 존재이다.

죽음을 두려워하지 않고, 삶을 애틋하게 품을 때, 그 안에서 우리는 진정한 희망과 평화를 만난다.

오늘도 나는 이 길 위에서 삶을 사랑하고, 죽음을 이해하며 희망을 품고 걷는다.

작가의 한마디

너를 사랑할 때, 진짜 너를 만날 수 있다.

27

인생이라는 도화지

물 속에서 허덕이는 너는
지금은 힘들어 보이지만
익숙해지면 숨을 참을 수 있는 너를 만나고
그런 너는 두려울게 없어지지
그런 너는 너의 삶의 한 부분으로 들어가
헤엄쳐 나아갈 수 있는 용기가 생기고 힘이 나지
그것도 연습이야
그것이 복습이야
인생이 그래

작가의 한마디

힘들어도 익숙해지면,
두려움 없이 헤엄칠 용기가 생긴다.

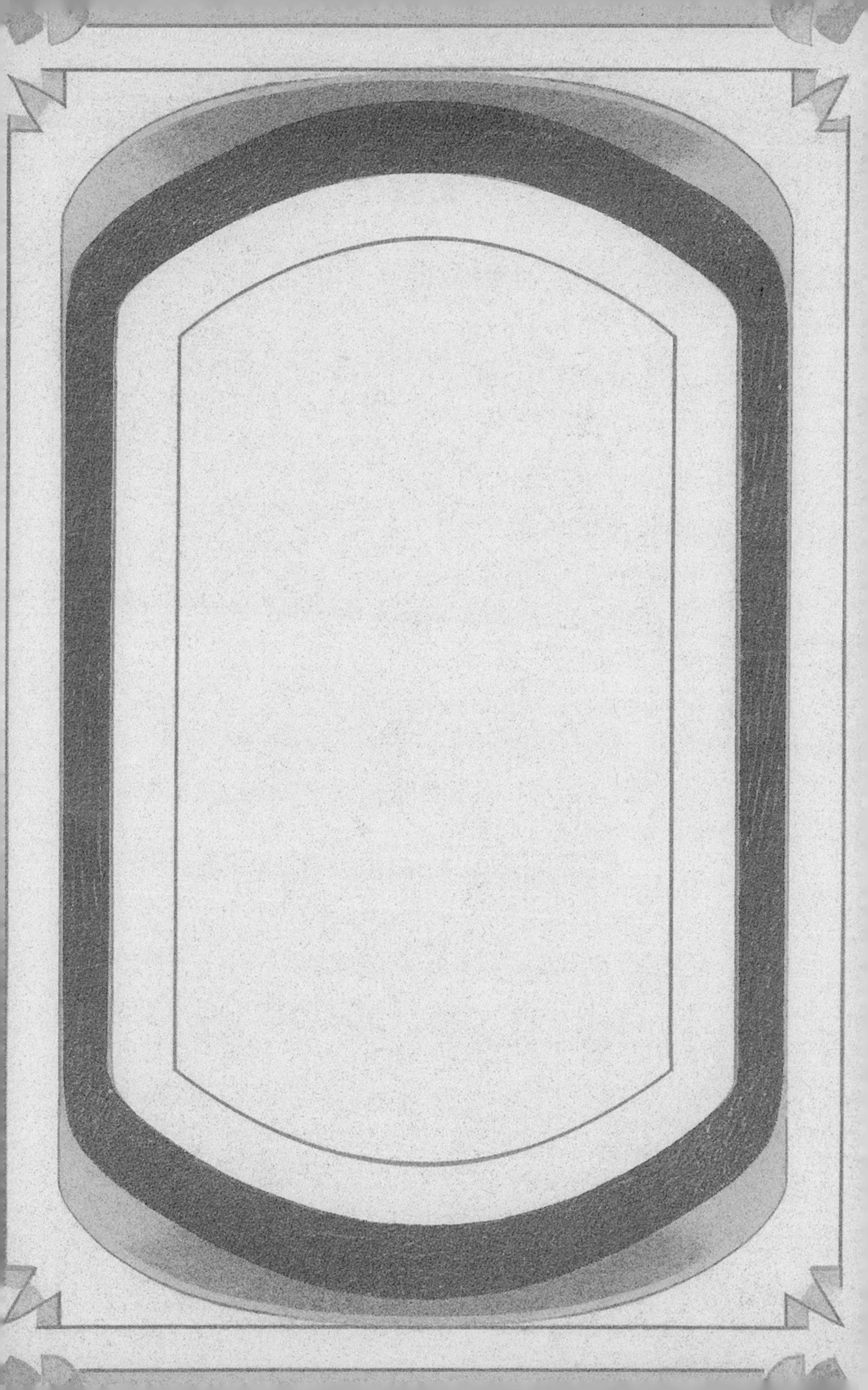

28

서로의 빛이 되어

쉽게 따라오지 마시오
나는 당신을 끌어갈 힘이 없소
나는 내 이 한몸 잘 버티며 견디다가
당신이 내 옆에 서 있을 때
함께 나란히 가고 싶소

삶과 죽음은 서로 반대되는 개념처럼 보이지만, 사실은 깊고도 끈끈하게 연결된 하나의 여정이다.

삶의 모든 순간은 결국 죽음으로 향하는 길 위에 놓여 있지만, 그 길은 결코 혼자가 아니다. 나는 이 길을 당신과 함께 걷고 싶다.

삶 속에서 우리는 기쁨과 슬픔, 사랑과 상실을 경험하며 성장한다.

때로는 그 과정이 너무나 무겁고 힘겨워, 마치 끝없이 이어지는 터널 속을 헤매는 듯한 기분이 들기도 한다.

하지만 그럴 때마다 당신과 나란히 서서 서로의 손을 잡을 수 있다면, 그 어둠도 조금은 덜 무섭고, 그 길도 조금은 덜 외로워질 것이다.

죽음은 두려움의 대상이지만, 그것이 삶의 끝이 아니라 새로운 시작이라는 믿음이 생길 때, 우리는 삶을 더욱 진하게 사랑할 수 있다.

당신과 함께라면, 나는 삶의 모든 순간을 더욱 소중히 여기며, 죽음 앞에서도 담담히, 그러나 용기 있게 마주할 수 있을 것 같다. 함께 걷는다는 것, 서로의 존재를 느끼며 살아간다는 것은 그 어떤 두려움도 이겨낼 수 있는 힘이다.

삶이 이어진 끝에 맞이하는 죽음도, 당신과 나, 그리고 우리 모두의 손을 잡고 따뜻하게 맞이할 수 있기를 바란다.

그래서 나는 오늘도 삶과 죽음이 연결된 이 길 위에서 당신과 함께, 서로의 빛이 되어 조금씩 앞으로 나아간다.

작가의 한마디

나 혼자 앞서 가지 않아요
함께 걸을 때 힘이 납니다.

29

중요한 것들

중요한 것들을 잃어버린 채, 사랑해야 할 사람들과 좋아해야 할 순간들을 지나쳐 버린 채, 나는 그저 앞만 보고 달려왔다.

속도를 높이느라, 멈춰 서서 주위를 돌아볼 여유조차 없이 무엇인가를 향해 달려가기만 했다.

하지만 이제야 알겠다.

그 빠른 걸음 속에서 내가 놓친 것들이 얼마나 많았는지,

내 삶의 소중한 조각들이 얼마나 허무하게 흩어져 버렸는지를. 지금 이 순간, 나는 그 모든 잃어버림에 대해 깊은 아픔을 느낀다.

가슴 한켠에 자리 잡은 후회의 무게가 내 몸을 무겁게 누르고, 마음을 시리게 한다.

하지만 이 아픔도, 이 후회도 결코 헛된 것은 아니다. 오히려 내게 다시 사랑할 수 있는 용기와 좋아할 수 있는 마음을 불러일으키는 불씨가 되었다.

그래서 나는 멈춘다.

더 이상 앞만 보지 않고, 주변을 돌아본다. 지금 내 곁에 있는 사람들을 바라보고, 내가 지나쳐 온 길을 천천히 되짚어본다.

비록 늦었을지라도, 다시 사랑하며, 다시 좋아하며, 내 삶을 온전히 살아내기

위한 첫걸음을 내딛는다.

그 길이 비록 멀고 험하더라도, 내 마음 깊은 곳에 자리한 희망을 믿으며, 나는 오늘도 다시 달린다.

작가의 한마디

중요한 것들을 놓친 채 달려온 나,
지금은 그리움과 후회 속에 서 있다.

30

항상 죽음을 생각하는 걸로는

항상 죽음을 생각하는 것만으로는 결코 죽음을 이길 수 없다.

죽음은 단순한 생각의 대상이 아니라, 마음 깊은 곳에 조용히 간직되어야 하는 존재다.

그 죽음이 내 것이 되었을 때, 비로소 나는 그 힘을 느낄 수 있다.

그 힘으로 나는 용기를 내고, 내 안에 잠든 힘을 깨워 두려움을 넘어설 수 있다.

죽음을 받아들이는 그 순간부터 나는 죽음 앞에서도 흔들리지 않고, 삶의 모든 순간을 더 깊이 사랑하며 살아갈 수 있다. 그래서 나는 말하고 싶다.

죽음을 늘 생각만 하지 말고, 그 죽음을 내 안에 품고, 그 안에서 힘을 얻어 더 강하게 살아가자고. 그것이야말로 죽음을 이기는 길이며, 삶을 진정으로 빛나게 하는 힘이 될 것이다.

작가의 한마디

죽음을 마음에 품을 때,
비로소 우리는 그를 이겨낼 힘을 얻는다.

31

참된 삶의 의미

그날은 네가 세상에 태어났을 때였어
나는 큰 소리로 울었지
그 울음 속에는 기쁨과 희망
그리고 세상이 너로 인해 가득 찼다는 감격이 담겨 있었어
온 세상도 너의 탄생을 축복하며
기쁨으로 가득 차 있었단다
그리고 이제 네가 삶의 마지막을 맞이할 그 순간에도 나는 바란다
네가 기뻐하며 행복한 삶을 충만히 누렸다는 것을
네가 죽음과 마주하는 그 순간에도 부드러운 미소로
담담한 마음으로 삶의 길을 따라 걸어가기를
그 길이야말로 진짜 인생이고
참된 삶의 의미일 테니까
알겠지?

작가의 한마디

태어남과 죽음 모두 기쁨으로 맞이하는 그 길이, 참 인생이다.

32

나의 하루를 소중히

잘 지낸 하루가 행복한 나를 만들어 가듯
잘 살아온 인생 역시 아름다운 인생길이 된다
그 길 위에 쌓인 사랑과 기억
그리고 수많은 순간들이 모여서
마침내 행복한 죽음을 맞이하게 하리라
그리하여 나는 믿는다.
삶의 끝 또한 또 다른 축복이며
평화로운 쉼이 될 것임을
오늘도 그렇게 믿으며
나의 하루를 소중히 살아간다

작가의 한마디

하루하루 잘 사는 것이,
결국 행복한 인생과 죽음으로 이어진다.

33

탄생과 죽음을 피할 수 있는가

우리는 이 세상, 이 우주
어느 누구도 할 수 없는 영역이다
그럼 피하지 말고 그럼 즐기는 쪽으로 선택해 보자
탄생과 죽음은 이 세상과 우주가 만든
누구도 피할 수 없는 신비로운 영역이다
그 어떤 힘도, 그 어떤 의지도
그 거대한 흐름을 거스를 수 없다
그러니 우리는 두려움이나 회피 대신에
그 순간들을 그저 있는 그대로 받아들이고
피하지 말고 마음껏 즐기며 살아가는 쪽을 선택해 보는 것은 어떨까
삶의 시작과 끝이 주는 무게를 느끼며
그 안에서 피어나는 작고 소중한 기쁨들을 놓치지 않는 것
그것이 바로 진정한 삶의 지혜이고
우리가 할 수 있는 가장 아름다운 선택이 아닐까

작가의 한마디

피할 수 없는 인생, 그럼 즐기는 선택을 하자.

34

꾸준히 한 걸음 한 걸음

가장 현명한 사람은
자신만의 방향을 뚜렷이 세우고
그 방향을 향해 흔들림 없이 노를 저으며
꾸준히 앞으로 나아가는 사람이다
인생이라는 긴 여정에서 내가 그려가는 궤도는 무엇보다 중요하다
그 궤도가 올바르고 분명할 때
비바람이 몰아쳐도 흔들리지 않고
어느 순간에도 내가 원하는 곳으로 나아갈 수 있다
그래서 우리는 나만의 방향을 찾는 일에
끊임없이 마음을 기울여야 하며
그 방향을 향해 꾸준히 한 걸음 한 걸음 내딛는 것이
진정한 현명함의 시작임을 기억해야 한다

작가의 한마디

현명함은 올바른 방향을 잡고
힘차게 나아가는 데서 시작된다.

35

나는 타인을 위해서

내가 시간을 부러 내어 밥을 사주고
커피를 사는 일들을 반복한 결과
알게 된 사실은 아주 간단하고
아주 인간다움이었다
기쁘고 좋을 땐
함께 웃을 수 있어서 좋았고
아프고 슬플 땐 함께 안아주며 울어줄 수 있는
사람들이 있어서… 좋았다
내 삶은

작가의 한마디

함께 웃고 울 수 있는 사람이 있어,
내 삶은 인간답게 빛난다.

36

아버지의 죽음을 맞이하는 시간 속에서

오늘, 나는 아버지의 죽음을 맞이하며
그 의미를 조금씩 이해한다.
살아 있을 때는 당연히 여겼던 순간들
함께 웃고, 함께 걷고, 함께 나눈 말 한마디가
이제는 마음 깊은 곳에서 빛난다
결국, 내 생의 마지막 날이 오면 모든 경험과 기억을 통찰하며
조용히 안녕을 고하게 될 것이다
그날이 오기 전, 나는 아버지와 함께했던 시간 속에서
인생의 꽃과 바람, 아픔과 즐거움을
조금 더 온전히 느껴야 한다

작가의 한마디

인생의 모든 순간을 겪어내야
비로소 죽음 앞에서 평화를 얻는다.

37

마 · 지 · 막을 준비하는 방법

생의 마지막을 준비하는 가장 쉬운 방법은 바로 지금 이 순간부터 시작하는 것이다. 지금의 삶을 차분히 정리하기 시작하고, 지금의 무거운 마음들을 조금씩 내려놓으며, 지금의 나 자신을 온전히 이해하기로 마음먹는 것, 그것이야말로 가장 현명한 시작이다.

지금 이 순간, 바로 이 시간이야말로 생의 마지막을 준비하기에 가장 적합한 최적의 시간이며, 더 늦기 전에 다가온 소중한 기회임을 잊지 말자.

그래서 오늘도, 나는 내 안의 소리를 듣고, 내 마음을 다독이며, 지금 이 순간을 살아가려 한다.

작가의 한마디

생의 마지막 준비는
지금 이 순간부터 마음을 정리하는 데서 시작된다.

38

발자국…

당신의 생각이 곧 당신의 인생이 되는 법, 당신의 행동이 곧 당신의 흔적이 되는 법, 당신의 배려가 곧 당신의 존중이 되는 법, 당신의 인생 당신이 책임져야지 생의 마지막을 준비하는 일은 사실 멀리 있지 않다.

바로 지금, 이 순간 속에 조용히 스며들어 있다. 매일매일 살아가면서 내 안에 쌓인 삶의 무게를 천천히 풀어내고, 아픔과 무거움도 조금씩 내려놓아 본다.

그리고 가장 어려우면서도 가장 필요한 일은 그 모든 나를 따뜻한 눈빛으로 바라보고 있는 그대로 받아들이는 것이다.

그것이야말로 진정한 사랑이고, 가장 깊은 지혜다.

지금 이 시간이야말로 생의 마지막을 준비하기에 가장 완벽한 순간이며, 아직 늦지 않았음을 내 마음 깊이 새긴다.

그래서 오늘도 나는 내 안에 숨겨진 작은 목소리에 귀 기울이고, 조용히 내 마음을 어루만지며, 온전히 이 순간을 살아내려 애쓴다.

그리하여 후회 없이 평화롭게 삶의 문턱을 넘어설 날을 기다려본다.

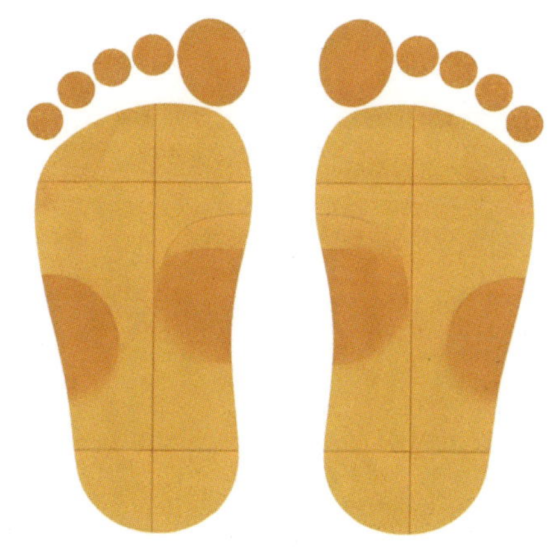

작가의 한마디

생각하고 행동하고 배려하는 모든 것이 당신 인생의 발자국이다.

39

너의 인생이 왜 힘들지 않았다고 생각하니?

순간 순간이
선택과 결과에 흔들여야 했었고
시간 시간이
너를 평가하며 상처주었는데
왜 힘들지 않았니 왜 감추려 하니 왜 아니라고 하니
사실은 너
아주 많이 힘들고 아팠어 사실은 너
아주 많이 위로받고 싶었어
그러니 늦지 않게 힘들었다
고백해
지금, 당장 여기서

작가의 한마디

힘들었던 마음을 숨기지 말고,
솔직히 고백하는 그 순간부터 치유가 시작된다.

40

빈잔, 그리고 빈손으로…

당신과 나의 삶은 후회 없는 인생이란 없다는 진실을 안다.

우리는 웃고, 울고, 슬퍼하고, 기뻐하면서 그 모든 감정의 파도를 타고 흘러간다.

어느새 빈잔처럼, 그리고 빈손처럼 모든 것을 내려놓고, 연기처럼 가볍게 사라질 준비를 한다.

삶의 무게는 저 멀리 뒤로 밀어둔 채, 우리는 그저 지금 이 순간을 살아내고 있을 뿐이다.

그 속에서 서로를 마주하며, 같이 숨 쉬며, 함께 걸어가는 길.

그것이 바로 당신과 나의 삶이 아닐까.

작가의 한마디

감정으로 채워진 삶도, 결국은
가볍게 내려놓는 순간을 맞는다.

41

그대가 내게 말을 걸어올 때

나는 이제 느리게 걷는다
바람이 지나간 자리에서 한참을 머물러 본다
젊은 날엔 시간이 나를 밀어붙였지만
지금은 내가 시간을 달랜다 조금만, 더 천천히 가자고
세상은 나를 조용히 바라본다
그 시선 속엔 배려도 있고 어쩌면 무심함도 있다
나는 그 둘 사이에서 작은 미소를 지어본다
내가 살아온 날들은 화려하지 않았지만
그 속엔 사랑이 있었고 작은 기쁨들이 반짝였다
젊은이여, 너도 언젠가 이 자리에 설 것이다
그때, 오늘의 나를 기억해주기를 말없이 건네던 눈빛 하나
그것이 나의 인사였음을 나는 잊지 않으리
내가 사랑했던 사람들 내가 지나온 계절들
그리고 지금 이 순간의 따뜻함을

- 내 나이 칠십을 넘기며 내 감정의 목소리를 내어본다

작가의 한마디

노인은 살아 있는 역사, 그 존재를 잃는 것은 한 권의 지혜를 잃는 것이다.

42

우리는

생각이 뇌를 지배함을 일상 속에서 느끼고 배운다
내가 상대방에게 무언가를 해 주었다고 생각을 하는 순간
그에 대한 대가를 받고 싶어한다
그런 마음보단 내가 그 일을 해 줄 수 있는 능력이 되어서 감사하다
내가 그 일을 해 줌으로 인해 그 사람이 기쁘면 감사하다
결국 내 마음이 따뜻하면 그걸로 보답된 것이다
내 마음이 긍정으로 나를 이끌면 된 것이다

작가의 한마디

마음이 따뜻할 때, 그 자체가 가장 큰 보답이다.

• • • 제3장 • • •

수많은 후회들, 그리고 그 너머

[마음 정리하기]

셋.

그때, 나는 웃고 있었다

누구나 과거를 후회하며 추억이 아닌 내 안의 고통으로 가득 차 있다고 생각하며 어설프게 후회한다.

누구나 내일을 설계하며 행복 앞에 주인공이 되고 싶어 오늘도 치열하게 달리는 중이다.

그러다 보니 이 눈치, 저 눈치가 늘 내 곁에 있는 주머니 같은 존재가 되었다.

비가 내린 뒤 깨끗해진 하늘과 자연 앞에서 인간은 경이로움을 느끼며 작은 만족에 잠시 머문다.

자연이 주는 행복 앞에서 잠시 스쳐 지나가는 손님처럼 그날들이 나의 일상, 너의 일상, 우리의 일상이 된다. 그러다 어느 날, 내 곁에 버거운 일들이 찾아오고 쉽게 무너지는 나에게 실망하며 울먹인다.

"왜 그랬니?"라며…. 나 역시 반백년 동안 그렇게 살아왔다.

하지만, 이제는 그렇게 살지 않으려 글과 마음과 언어로 나를 표현해 본다.

죽음 그리고 삶, 삶 그리고 죽음 앞에서 누구도 자유롭지 못하다면, 나는 내가 나를 찾아 그때, 웃어보고 싶다. 태어나서 울어본 기억은 내 머리와 마음에 없지만, 죽음을 맞이하는 나는 기억하고 추억해 보리라.

웃으며, 기쁘게, 내 인생에게 따뜻한 이별을 준비하며.

작가의 한마디

내 마음은 행복으로 가득 찬 주머니, 그 안에 존재 가치가 숨 쉬고 있다.
그래서 오늘도 웃음을 나눈다.

1

고백의 순간!

인생에서 행복하다는 고백은 언제해도 빠르며
사과는 언제해도 늦으며
후회는 언제해도 돌이킬 수 없는 것.

행복하다는 고백은 언제나 빠르다.

그 순간을 놓치지 않고, 마음이 느끼는 대로 곧바로 표현할 수 있다면, 그것이야말로 삶이 주는 작은 축복이다. 우리가 행복할 때 그 기쁨을 주저하지 않고 나눌 수 있을 때, 그 순간은 더욱 빛난다.

반면에, 사과는 언제나 늦다.

마음속에 쌓인 자존심과 두려움이 사과의 입술을 무겁게 만들고, 시간이 흐르면 흐를수록 그 말은 꺼내기 어려워진다. 하지만 그 늦은 사과가 진심으로 전해질 때, 비로소 깨진 관계는 조금씩 회복의 빛을 본다. 사과가 늦다고 해서 가치가 없는 것은 아니다. 오히려 그 늦음 속에서 더 깊은 반성과 진심이 느껴지기도 한다.

그러나 후회는 언제나 돌이킬 수 없다.

과거는 지나간 시간이기에, 우리가 아무리 바라고 애써도 다시 되돌릴 수 없다. 후회는 마음에 깊은 흔적을 남기고, 때로는 삶을 무겁게 짓누른다. 하지만 그 무게를 견디며 배우는 것이 인생이기도 하다. 후회가 우리의 발걸음을 멈추게 하기보다, 다음을 향해 나아가도록 하는 힘이 되길 바란다.

행복은 빠르게, 사과는 늦게, 그리고 후회는 돌이킬 수 없는 것. 그 속에서 우리는 조금씩 성장하며, 삶의 의미를 더해 간다.

90살 노부부가 너무 다정스럽게 친근하고 사랑스럽게 사는 것을 본 주위 분들이 할아버지에게 질문을 했다고 합니다. 어르신 할머님과 참 다정하시고 싸움도 없으신데 비결이 뭘까요? 할아버지는 딱 한마디 남기며 미소를 지었다고 합니다.

할아버지는 칭찬하면 고맙소, 야단치면 미안하오 두 마디면 끝나! 인생 90년 정답을 말해주신 어르신 또 배웁니다.

작가의 한마디

사랑은 행복, 고백은 신속, 사과는 늦음, 후회는 되돌릴 수 없습니다.
감사의 표현은 관계를 부드럽게 합니다.
작은 칭찬에도 "고맙소"라고 말하는 습관은 상대방을 존중하고,
그 마음을 따뜻하게 해줍니다.
잘못했을 때는 미안하다고 말할 줄 아는 용기.
사소한 갈등도 "미안하오"라는 말 한마디로 풀 수 있다는 걸 보여줍니다.
자존심보다 관계를 우선하는 태도죠. 말보다 마음이 중요하다는 걸 일깨워줍니다.
긴 설명이나 변명보다 진심 어린 짧은 말이 더 큰 울림을 줍니다.

2

오늘의 용기, 내일의 후회를 이기는 힘

우리는 살아가며 수많은 선택의 갈림길에 선다.

어떤 길은 분명하고 환하게 빛나지만, 또 어떤 길은 안개 속에 가려져 있다. 그 순간 우리는 망설이고, 머뭇거린다.

그리고 시간이 지나면, 그 길을 가지 않았던 자신을 돌아보며 후회한다.

"그때 해볼 걸 그랬어."

"왜 그때 용기를 내지 못했을까."

이런 말들은 마음 한켠을 무겁게 짓누른다. 하지 않은 행동에 대한 후회는, 때로는 행한 행동보다 더 깊고 오래 남는다.

그런 후회는 단순한 아쉬움이 아니다. 그것은 두려움과 망설임이 만든 결과물이다.

우리는 실패할까 봐, 상처받을까 봐, 혹은 남들이 어떻게 볼까 봐 행동을 미룬다. 하지만 그 미룸은 결국 우리를 더 깊은 후회의 늪으로 끌고 들어간다. 지나간 시간을 되돌릴 수 없다는 사실은, 그 후회를 더욱 선명하게 만든다.

반면, 용기 내어 행동한 순간은 다르다. 설령 그 결과가 기대에 못 미쳤더라도, 우리는 말할 수 있다. "해봤더니 이렇더라." 그 경험은 단순한 결과 이상의 의미를 가진다.

그것은 성장의 흔적이며, 삶을 살아냈다는 증거다. 행동은 우리를 변화시키고, 단단하게 만든다. 실패 속에서도 우리는 배우고, 다음 선택을 더 현명하게 할 수 있는 힘을 얻는다. 행동은 삶을 움직이는 원동력이다. 머릿속에서만 맴도는 생각은 아무것도 바꾸지 못한다. 하지만 한 걸음 내딛는 순간, 우리는 새로운 가능성과 마주한다.

그 가능성은 때로는 예상치 못한 기쁨을, 때로는 값진 교훈을 안겨준다. 그리고 그 모든 경험은 결국 우리를 더 나은 방향으로 이끈다.

물론, 용기를 내는 일은 쉽지 않다. 특히 익숙하지 않은 길 앞에서는 더욱 그렇다.

하지만 그 용기는 후회를 줄이고, 삶을 더 풍요롭게 만든다. 오늘의 작은 용기가 내일의 큰 후회를 막을 수 있다. 그리고 그 용기는 반복될수록 우리 안에 자리 잡는다.

결국 우리는 '행동하는 사람'으로, '자신의 삶을 주도하는 사람'으로 성장하게 된다. 그러니 이제는 후회보다 행동을 선택하자. 완벽하지 않아도 좋다.

결과가 불확실해도 괜찮다. 중요한 것은, 우리가 그 길을 직접 걸어본다는 사실이다. 그 경험이야말로 우리 삶을 진짜로 살아가게 하는 힘이다.

작가의 한마디

후회할 바엔 용기 내어 행동하고 경험하라.
그것이 더 빠른 성장이다.

3

새싹 같은 사람이 되고 싶은 날

살다 보면, 문득 '내가 누군가에게 따뜻한 사람이었으면 좋겠다.'라는 생각이 들 때가 있다. 오늘 이 바로 그런 날이다. 바람은 부드럽고 햇살은 포근하다. 거리의 나무들은 연둣빛 새싹을 틔우며 봄의 시작을 알리고 있다. 그 모습을 바라보며, 나도 누군가의 삶에 작은 봄이 되어주고 싶다는 마음이 피어난다.

세상은 때때로 차갑고 무심하다. 바쁜 일상 속에서 사람들은 서로를 지나치고, 말 한마디조차 건네지 못한 채 하루를 마감한다. 하지만 그런 세상 속에서도 누군가의 말 한 줄, 미소 하나, 따뜻한 손길이 마음을 녹이는 순간이 있다. 그 순간은 마치 겨울 끝자락에 피어난 새싹처럼, 희망을 품게 한다.

나는 그런 사람이 되고 싶다. 말없이 곁을 지켜주는 나무처럼, 필요할 때 그늘을 내어주는 존재. 누군가 지쳐 있을 때, 조용히 다가가 "괜찮아, 너는 충분히 잘하고 있어"라고 말해줄 수 있는 사람. 감동은 거창한 행동에서 오는 것이 아니라, 진심 어린 마음에서 비롯된다는 것을 믿는다.

오늘 하루, 나는 봄날의 새싹처럼 살아가고 싶다. 누군가의 마음에 작은 온기를 전하고, 그 온기가 또 다른 따뜻함으로 이어지기를 바라며. 그렇게 나의 존재가 누군가에게 위로가 되고, 다시 살아갈 힘이 되어준다면, 그것만으로도 충분히 의미 있는 삶이라 생각한다.

누군가에게
감동을 주는
사람

봄날의 새싹같은
따뜻함과 포근함을
전해주는

그런 사람이 되어주고 싶은 날이다.

작가의 한마디

"누군가의 하루를 따뜻하게 해줄 수 있다면,
그 하루는 이미 잘 산 하루다.

4

우리의 일상 속에는

매 초마다, 매 분마다, 매 단위마다 일상 속에는 '타이밍'이라는 것이 있다.

그 순간을 놓치면, 다시는 그 기회를 잡기 어려울 때가 많다. 그때 하지 못하면, 영원히 하지 못하게 되더라.

내 오십 년이라는 시간 속에서 수없이 느끼고 깨달았다. 삶은 때로 우리에게 딱 한 번의 기회를 준다.

그 기회를 움켜쥐지 못하면, 그 자리는 다시는 돌아오지 않는다. 그래서 나는 지금 이 순간을 더 소중히 여기려 한다.

후회 대신 용기를, 망설임 대신 결단을 선택하려 한다.

시간은 누구에게나 공평하지만, 그 흐름을 붙잡는 것은 오직 나의 몫임을 알기에.

작가의 한마디

삶에는 연습이 없더라.
순간의 타이밍이 곧, 인생의 방향이 되더라.

5

좋은 시간 좋은 시기는 늘 내곁에서 존재했지만

만약에 서른한 살이라면 잘 할 수 있을까
마흔한 살이라면 더 잘했을 수 있었을까
쉰한 살이라면 더더 잘해냈을까
좋은 시간 좋은 시기는 늘 내 곁에서 존재했지만
좋은 시간 시기를 알아차리지 못했다
신호등은 초록색으로만 머물러 있지 않듯이
내 인생의 나이별 내 순간의 시기별
내가 만들면 되는 것을 내가 알아차리면 되는 것을
그 쉬운 것을 늘 놓치며 살아가고 있었다

시간에 대한 성찰 "좋은 시간 좋은 시기는 늘 내 곁에서 존재했지만 알아차리지 못했다."는 말은, 우리가 얼마나 자주 현재를 놓치고 과거 혹은 미래에만 머무는지를 잘 보여줘요. 서른한 살, 마흔한 살, 쉰한 살… 그 나이들이 중요한 게 아니라, 그 순간을 어떻게 살아내느냐가 더 본질적인 질문이죠.

신호등의 비유 신호등이 초록색으로만 머물러 있지 않듯이, 인생도 항상 '진행'만 있는 게 아니죠. 때로는 멈춤이 필요하고, 때로는 기다림이 우리를 더 단단하게 만들어요. 중요한 건 그 색이 바뀌는 순간을 인지하고, 그에 맞게 나아가는 지혜예요.

자기 인식의 힘 "내가 만들면 되는 것, 내가 알아차리면 되는 것"이라는 표현은 정말 강력해요. 결국 인생의 주도권은 우리 손에 있다는 걸 상기시켜 주죠. 그 쉬운 것을 놓치며 살아왔다는 고백은 아프지만, 동시에 앞으로는 놓치지 않겠다는 다짐처럼 들리기도 해요.

작가의 한마디

좋은 타이밍은 오는 게 아니라,
내가 만드는 것이다.

6

선택은 내 책임

나의 수많은 망설임이
어쩌면 나를 멈추게 했을 것이다
하지만 기억하고 또 기억하고 있다
내가 도전하는 마음으로
한 걸음 내딛었을 때마다
나는 분명 앞으로 나아갔다는 것을
나는 나의 선택으로 만들어진 작은 결과물이다
결코 누구의 평가나 판단으로 완성된 존재가 아니다
내 안의 힘과 용기로 나는 계속 나아갈 것이다
내가 책임져야할 내 순간들이기에…

작가의 한마디

나는 내 선택의 결과물이지,
누구의 평가물이 아니야.

7
스스로에게

배려하는 나, 들어주는 나, 긍정적인 나.

나는 어떤 내가 되고 싶은 걸까?

삶 속에서 만나는 수많은 사람들, 그들과의 관계 속에서 나의 모습은 끊임없이 변화한다.

어쩌면 그 모습들은 내가 되고 싶은 나의 일부일 뿐이다.

배려하는 나는, 타인의 아픔과 기쁨에 민감하게 반응하는 마음이다.

그 마음으로 세상의 작은 상처들을 어루만지고 싶다.

들어주는 나는, 말없는 침묵 속에서도 상대방의 이야기에 진심으로 귀 기울이는 사람이 되기를 바란다.

그 듣는 마음이 누군가에게는 큰 위로가 되리라 믿는다. 긍정적인 나는, 어떤 어려움 속에서도 희망을 잃지 않고 미소로 하루를 견뎌내는 힘이다.

그 긍정이 나뿐만 아니라 주변까지 밝히는 빛이 되길 소망한다.

그래서 나는 묻는다.

나는 진정 어떤 내가 되고 싶은가?

그 질문에 답하는 과정이 바로 나를 완성하는 여정이다.

오늘의 나는 어제보다 더 배려할 수 있는 나인지, 더 잘 들어줄 수 있는 나인지, 더 긍정적인 나인지 스스로에게 돌아보는 시간을 가진다.

그리고 그 속에서 나는 조금씩 내가 되고 싶은 나로 자라간다.

배려하는 나, 들어주는 나, 긍정적인 나.

어떤 내가 되고 싶은 걸까?

작가의 한마디

내가 어떤 사람이 되고 싶은지는,
내가 오늘 어떻게 살아가느냐에 달려 있다.

8

혼자에 익숙하기

우리는 때때로 혼자만의 시간 속에서 나 자신과 마주한다.

그 고요한 순간에 나는 여유를 느끼기도 하지만, 때로는 그 '혼자'라는 시간이 여유인지, 고독인지, 외로움인지 헷갈릴 때가 있다.

그 경계는 분명 희미하다.

어느 순간엔 평화롭고 따뜻한 여유로 다가오지만, 다른 순간에는 깊은 고독이나 쓸쓸함으로 다가오기도 한다.

하지만 그 감정의 차이 역시 결국은 나의 생각과 선택에서 비롯된다는 것을 깨닫는다.

나는 그 시간 속에서 무엇을 느끼고, 어떻게 해석할지 스스로 결정할 수 있다.

여유로도, 고독으로도, 외로움으로도.

내가 선택하는 그 감정 속에서 나는 나를 만나고, 성장해간다. 혼자임이 외로움이 아니라 스스로를 만나는 소중한 시간이 되길 바란다.

작가의 한마디

혼자 있는 시간이 여유가 될지 외로움이 될지는,
내 마음이 선택하는 것이다.

9

생각이 주는 어둠과 빛 사이

부정적인 생각은 결코
반드시, 언제나처럼, 늘 똑같이
내가 원하는 것을 주지 않는다
그 생각들은 마치 구름처럼 내 마음을 가리고
내 앞길을 흐리게 한다
그렇기에 나는 부정적인 생각이 찾아올 때마다
잠시 멈추어 서서 바라본다
그 생각들이 진짜인지 내가 만들어낸 환상인지
그리고 조금씩 마음을 돌려
긍정의 빛을 향해 나아가려 한다
부정적인 생각에 머물기보다
나를 위한 다른 길을 선택하는 것이
진정한 용기임을 알기에

작가의 한마디

부정적인 생각은
내가 진심으로 바라는 것을 결코 주지 않는다.

10

실수라는 이름의 비바람

나에게 너에게 있을 수 있어
실수는 주인이 따로 없다는 거잖니
실수는 순간 찾아오는 비바람 같아
준비도 생각도 하지 않은 찰나의 순간이지
중요한 건
실수를 인정하고 실수를 포용하는 힘
너만의 부심!
그래야 두번의 실수는 하지 않을 거야
그래야 한번의 경험을 배우게 되는 거지

살다 보면, 예고 없이 찾아오는 순간들이 있다. 마치 갑작스레 몰아치는 비바람처럼, 준비도 없이, 생각할 틈도 없이 우리를 덮쳐오는 실수라는 이름의 순간들.

그 실수는 누구의 것도 아니다. 주인이 따로 없는 감정처럼, 실수는 그저 지나가는 바람일 뿐이다. 그 순간을 탓하고, 되돌리려 애쓰는 대신 나는 그 실수를 바라본다.

있는 그대로, 나에게 찾아온 하나의 경험으로. 실수를 인정하는 건 쉽지 않다. 자존심이 상하고, 마음이 무너지고, 때로는 나 자신이 작아지는 기분이 들기도 한다. 하지만 그 순간, 나는 나를 더 깊이 이해하게 된다. 실수를 포용하는 힘, 그것이야 말로 나만의 자부심이다. 그 힘이 나를 다시 일으켜 세우고, 같은 실수를 반복하지 않게 만든다.

실수는 나를 부끄럽게 하지 않는다. 오히려 나를 단단하게 만든다. 한 번의 실수는 한 번의 배움이고, 그 배움은 나를 더 나답게 살아가게 하는 자양분이다.

그래서 나는 실수를 두려워하지 않는다. 그것이 나를 흔들어도, 나는 흔들림 속에서 중심을 찾는다. 그리고 다시, 나아간다. 조금 더 단단하게, 조금 더 너그럽게.

작가의 한마디

실수는 누구에게나 찾아오는 비바람 같은 순간,
중요한 것은 그 실수를 인정하고 포용하는 힘이다.

11

매일 감사합니다

세상은 늘 빠르게 흘러간다. 사람들은 바쁘게 걷고, 시간은 쉼 없이 흐른다. 그런 하루 속에서 문득 멈춰 서게 되는 순간이 있다. 그건 다름 아닌, 당신이 내 옆에 있다는 사실을 떠올릴 때다.

당신이 웃어주는 그 순간, 내 하루는 빛난다. 특별한 일이 없어도, 그저 당신의 존재만으로도 마음이 따뜻해진다. 우리는 거창한 말 없이도 서로를 위로하고, 작은 눈빛 하나로도 마음을 나눈다. 그런 일상이 쌓여 우리의 시간이 되고, 그 시간은 어느새 인생이 된다.

나는 매일이 고맙다. 당신과 함께 숨 쉬는 이 순간들이, 너무도 소중해서. 아침 햇살이 창가에 머물 때, 당신의 이름을 떠올리는 것만으로도 하루가 시작된다. 저녁이 내려앉고 고요한 밤이 찾아오면, 오늘 하루 당신과 나눈 대화들이 마음을 채운다. 그렇게 우리는 서로의 하루를 살아간다.

삶은 언제나 예측할 수 없는 길을 걷는다. 때로는 아프고, 때로는 외롭다. 하지만 당신이 곁에 있다는 사실은 그 모든 불확실함 속에서도 나를 단단하게 만든다. 당신과 함께라면, 어떤 길도 걸을 수 있을 것 같다. 그 길이 끝나는 날까지, 나는 당신과 함께하고 싶다.

그리고 언젠가, 이 모든 시간이 끝을 향해 갈 때, 나는 조용히 웃으며 떠나고 싶다. 당신과 함께한 날들을 마음에 품고, 진심으로 감사하며. 그 모든 순간이 나를 살아 있게 했고, 사랑하게 했으며, 결국 평화를 안겨주었기에.

당신과 함께한 하루하루는, 나에게 가장 아름다운 선물이었다.

작가의 한마디

매일, 당신의 웃음이 있어 감사합니다.
함께할 수 있음에 매일 고맙습니다.

12

세상의 불만 불평, 그리고

나에게 닥치는 불운들은 내가 만든 연쇄사슬이었다.

나에게 들이는 행운들은 내가 만든 최선의 결과였다.

세상의 불만과 불평, 그리고 내게 닥치는 불운들은 사실 내가 만든 연쇄사슬이었다.

내 생각과 행동이 어떤 결과를 불러오는지 나는 때때로 잊곤 했다.

반면에, 내게 찾아오는 행운들은 내가 만든 최선의 결과였다.

내가 주는 마음, 내가 선택하는 태도, 그 모든 것들이 결국 내 삶의 모습을 만들어 간다.

내가 만들어낸 사슬을 끊고, 내가 만든 최선의 결과를 늘려가기 위해 나는 오늘도 나 자신과 마주한다.

작가의 한마디

세상의 불만, 불평, 그리고 나에게 닥치는 불운들은
내가 만든 연쇄사슬이었다.

13

달성하고자했던

나의 목표를 성공했어
기쁨과 환희에 순간
다 이루웠다고 느꼈는데
반대편에서 고통과 아쉬움이
날 가다리고 손을 흔들더라
좀 벅차고
좀 거시기 했는데
그러라고 했어
그냥

작가의 한마디

목표를 이루었을 때, 기쁨 뒤에 고통과 아쉬움이 손짓한다.
그 모든 순간이 결국 삶이라서, 그냥 그러라고 했다.

14

행복의 힘

몸이 아프고 마음이 무거울 때, 나는 나만을 위한 작은 위로를 준비한다.

가장 좋아하는 초코라떼 한 잔과 가장 먹고 싶은 딸기 케이크를 손에 들고 집으로 돌아간다.

아무도 방해하지 않는, 오롯이 나만의 공간에서 천천히, 여유롭게 그 달콤한 맛을 음미하다 보면, 어느새 몸의 무거움과 마음의 짐이 조금씩 풀리기 시작한다.

그 순간 나는 비로소 자유로워지고, 내 안에 쌓였던 긴장과 피로가 녹아내리는 듯한 평화를 느낀다.

소소한 행복의 이 작은 순간들이 내 삶을 다시 일으켜 세우는 힘이 되어준다.

작가의 한마디

아플 때, 좋아하는 초코라떼와 딸기케이크를 안고
나만의 공간에서 조용히 맛을 음미하면
몸과 마음이 자유로워진다.

15

인생에서 가장 중요한 것만 남기는 힘

가장 중요한 것만 남기는 힘
꼭 필요하다
인생에서 가장 중요한 것만 남기는 힘
그 힘은 꼭 필요하다
우리는 너무 많은 것들에 마음을 빼앗기고
수많은 선택과 판단 속에서 혼란을 겪는다
그럴수록 본질을 가리는 잡다한 것들을 덜어내고
진정 소중한 것에 집중하는 힘이 절실해진다
중요한 것을 가려내고 지키는 일은
삶의 방향을 정하고
진정한 나 자신으로 살아가는 길이 된다
그 힘을 갖는 순간 인생은 더 명확해지고
삶은 더 깊어진다

작가의 한마디

인생에서 가장 중요한 것만 남기는 힘,
그것이야말로 꼭 필요한 것이다.

16

희망의 빛을 따라

나는 어디서든 기쁨을 먼저 만나려고 한다.

삶은 기쁨과 슬픔이 함께 공존하는 무대이지만, 나는 언제나 그 무대 위에서 먼저 빛나는 순간을 찾아 나선다.

기쁨을 만나는 일은 단순한 감정의 경험을 넘어, 내 마음 깊은 곳에 희망의 씨앗을 심는 일이다.

그 씨앗은 어떤 어려움과 슬픔이 닥쳐와도 쉽게 꺼지지 않는 불꽃이 된다. 삶의 무게가 나를 짓누를 때도, 마음이 지쳐 쓰러질 것 같을 때도, 나는 그 불꽃을 떠올린다.

그 작은 빛이 나를 다시 일으켜 세우고, 앞으로 나아갈 용기를 준다.

슬픔은 반드시 우리 곁에 머물러 있지만, 기쁨을 먼저 만나려는 마음이 있다면, 그 슬픔은 결코 나를 완전히 삼키지 못한다.

오히려 그 슬픔조차도 내가 성장하고 성숙하는 과정임을 알게 해 준다.

나는 오늘도 기쁨을 먼저 찾아 나선다.

그 길에서 만나는 희망의 빛을 따라, 내일의 어둠을 두려워하지 않고 걸어간다.

기쁨이 내 마음에 닿으면, 나는 슬픔과 맞서 싸울 수 있는 자신감을 갖게 된다.

그 자신감이야말로 진정한 삶의 힘이다.

그래서 나는 어디서든, 어떤 상황에서도 먼저 기쁨을 맞이하려 한다.

그것이 내 삶을 지탱하는 가장 큰 희망이기에.

작가의 한마디

나는, 어디서든 기쁨을 먼저 만나려고 합니다. 그럼,
그 뒤를 따르는 슬픔을 잘 이길 자신감이 생기거든요.

17

나에게 당신이

나에게 당신이 지금 무엇을 가져가기를 희망하지 마라.

먼저, 당신이 지금 무엇을 가지고 있는지를 보라.

당장 손에 쥐고 얻을 수 있는 것들은 쉽게 사라지고 흩어질 수 있는 것들이다.

그러나 당신이 지금껏 만들어오고, 이루어 놓은 것들은 단단하고 강인하다.

그것들은 시련을 견뎌낼 수 있는 힘이며, 삶의 거센 풍파 속에서도 버틸 수 있는 능력이다.

또한 진정성과 올바름으로 세워진 희망의 토대이다.

그러니 순간의 욕망이나 즉각적인 성취에 흔들리지 말라.

지금 당신이 가진 것들에 눈을 돌려라.

그 안에 담긴 가치와 의미를 깨닫고, 그것을 바탕으로 앞으로 나아가라.

진짜 소중한 것은 한순간에 얻어지는 것이 아니라, 오랜 시간에 걸쳐 쌓아 올린 경험과 노력 속에 있다.

그래서 나는 당신이 가진 그 모든 것을 존중하며, 그 힘으로 더 큰 내일을 만들어가길 바란다.

작가의 한마디

지금 무엇을 바라기보다, 지금 가진 것을 먼저 보라.
그 안에 강인함과 버틸 힘이 있다.

18

탱탱볼 같은 도전이야

오기와 깡이 있었어
인내와 악도 있었던 것 같아
차별받지 않으려 애쓰기도 하고
다름을 인정해 달라고 소리도 지르기도 했지
외모의 편견, 학벌에 편해
역시 느끼고 감당해야 했던 날들의 연속
그런데 잘 생각해봐
그렇게 나를 돌아보게 하는 사회망이 있었기에
너는 지금에 널 완성하려고
너는 아직도 노력하고 있는게 아닐까
자극제의 힘이란
계단을 오르게 하는 탱탱볼 같은 도전이야

작가의 한마디

사랑하는 나에게는 오기와 인내,
차별과 편견 속에서도 나를 완성하게 한 도전의 힘이 있었다.

19

그리움이라는 이름의 바다에서

그날 이후, 내 삶은 조용히 무너졌다. 마치 오래된 성벽이 바람 한 줄기에 금이 가듯, 내 마음도 그렇게 금이 갔다. 엄마는 8년이라는 긴 시간을 침대 위에서 보내셨고, 그 시간 동안 나는 매일 조금씩 무너져 내렸다. 그녀의 숨결이 점점 희미해질수록, 나는 더 깊은 침묵 속으로 걸어 들어갔다. 그리고 결국, 그녀는 우리 곁을 떠났다.

엄마를 보내고 난 뒤, 삶은 잠시 멈춘 듯했다. 그런데 그 멈춤이 끝나기도 전에, 아버지마저 급하게 떠나셨다. 너무 갑작스러워서, 나는 제대로 울지도 못했다.

그저 멍하니, 아버지의 빈자리를 바라보며 숨을 쉬는 것조차 버거워했다.

아버지가 떠난 후, 내 마음은 깊은 바다처럼 고요해졌다.

하지만 그 고요함은 평화가 아니라, 슬픔의 무게였다. 그리움은 썰물처럼 밀려왔다가, 다시 밀물처럼 가슴을 적셨다. 아버지의 웃음소리, 손길, 말투 하나하나가 기억 속에서 살아 움직이며 나를 흔들었다.

때로는 그리움이 너무 커서, 나는 그 아래에 깔려버릴 것만 같았다. 숨이 막히고, 눈물이 멈추지 않았다. 하지만 그 슬픔 속에서도 나는 깨달았다. 아버지가 남긴 사랑은 사라지지 않았다는 것을. 그 사랑은 내 안에서 조용히 숨 쉬며, 내가 무너지지 않도록 나를 붙잡아주었다.

나는 이제 아버지를 닮아가는 나로 살아가려 한다. 그분이 걸었던 길을 되짚으며, 그분이 품었던 따뜻함을 내 삶에 심으려 한다. 그리움은 여전히 나를 흔들지만, 나는 그 흔들림 속에서 감사와 기억을 품는다.

아버지, 당신이 없는 오늘도 나는 살아갑니다. 당신이 남긴 사랑을 품고, 당신의 흔적을 따라 걸으며, 당신을 닮아가는 나로 살아갑니다. 그리움은 끝나지 않겠지만, 그리움 속에서도 나는 웃을 수 있게 되었습니다.

작가의 한마디

어머니. 아버지는 분명 나에게 넘치도록 사랑스런 긍정유전자를 주셨다
내가 알아보지 못하고 살고 있는지도 모른다.

20

나의 어머님

어머님, 당신의 따뜻한 눈빛이 처음 저를 바라보던 그날을 기억합니다.

어린 며느리였던 저를 말없이 품어주시던 그 사랑, 잔소리 한번 없이 그저 이쁘다며 안아주시던 그 마음. 당신의 아들이 데려온 저를, 당신의 손자를 품에 안긴 저를 그저 고운 눈으로 바라보셨지요.

십여 년을 침대에 홀로 계시면서도 늘 자식만을 걱정하시던 당신,

"엄마는 괜찮아, 너는 어떠니" 그 말에 저는 늘 울컥했습니다.

팔순이 넘도록 자식 걱정뿐이던 당신, 그렇게 조용히, 어느 날 어머님은 우리 곁을 떠나셨습니다.

마지막 인사드리며 고맙고, 감사하고, 행복했다고 속삭이던 제 말에 눈물 흘리시며 조용히 숨을 멈추셨던 당신. 어머님, 사랑을 주시고 마음을 주시고 고통을 대신 안아가신 나의 어머님.

그립습니다. 당신의 따뜻한 손길이, 당신의 조용한 사랑이. 이젠 고통 없는 아름다운 세상에서 부디 평안하시길 기원합니다.

작가의 한마디

부모 마음, 한없는 사랑

21

자식과 부모의 연

부모와 자식, 자식과 부모
그 만남은 선택이 아닌 운명입니다.
서로를 책임지는 삶 속에서 때로는 힘이 되고
때로는 상처가 되기도 하지요
하지만 그 인연은 누구도 벗어날 수 없는 삶의 일부입니다
비교하지 말고, 도망치려 애쓰지 말고
그저 나답게 살아가면 됩니다
부모와 자식, 자식과 부모
그 자연스러운 만남 속에서 우리는
서로를 배우고, 서로를 이해하며,
서로를 사랑하는 법을 익혀갑니다
그러니, 있는 그대로의 나로 살아가다
그렇게 조용히, 따뜻하게 이 삶을 마주하길 바랍니다.

작가의 한마디

부모와 자식의 인연은 운명처럼 자연스러운 책임의 삶, 비교도 도피도 없이 서로에게 힘이 되고 상처가 되며 그대로 나답게 살아가는 여정이다.

22

마음을 예쁘게 먹고 사셨다는

옆집 일흔다섯 되신 할머니는
살아생전 타인에게 칭찬을 많이 하셨다고 한다
살아생전 힘든 사람에게 웃음을 전달했다고 한다
큰 돈이 들지 않는 칭찬과 웃음
그리고 긍정마인드를 실천하신 옆집에 그 할머니는
삶과 죽음을 잘 정리하고
삶 속에서는 최선
죽음을 맞이한 뒤에는 최고가 되셨음을 알게 되었다
멋진 인생은 긍정의 생각과 행동에서 오는구나
또 한번 간접 경험을 해 보지만
사실은 자신은 없다

작가의 한마디

옆집 일흔다섯 살 할머니의
작은 칭찬과 웃음, 긍정이 삶을 빛나게 하고
죽음 후에도 최고의 모습으로 남았다.
멋진 인생은 그렇게 만들어진다.

23

누굴 만나도 웃고 있는 사람

누구와 함께 대화를 해도 유쾌한 사람
누구랑 어떤 관계에서든 즐거운 사람
누구에게든 당당하고 배려깊은 사람
누구에게든 자아존중감이 높은 사람
그런 사람으로 우리는 살길 원했다
그런 사람으로
우리는 늘 옆에 있길 희망했었다

작가의 한마디

누구를 만나도 웃고,
어떤 관계에서도 즐거우며,
당당하고 배려 깊은 자아존중의 사람…
그런 사람이 되어 서로의 곁에 있기를 바랐다.

24

천지에 뿌리내려진 잡초

온 천지에 뿌리내려 봐주는 이 없어도
강인하게 꿋꿋이 이겨내는 나를 잡초라고 해
세상은 곱게 곱게 온실 속 보살핌 속에서
아름다움과 향기를 뽐내는 이에겐
이름을 지어주며 예쁘다 칭찬을 하기 바쁘지
상처를 받기도 했지만 상처를 이겨내다보면
상처가 상처가 아닌 힘이 되는 경우들이
내겐 종종 있었지
세상 쓸데 없어 보여도
나에게는 꼭 필요한 아름다운 너였어
세상 누구랑 비교하고
상처받고 아파하고 그렇게 살기에는
오늘이 너무 빨리 지나가지 않니

작가의 한마디

온갖 상처와 외로움 속에서도 나는 꿋꿋이 피어난 잡초였다.
비교와 아픔에 갇히기엔 오늘이라는 시간이 너무 소중하다.

25

흐르는 대로

힘들다고 생각될 때,
그 힘듦이 어느새 그리움이 되고
희망으로 자라나는 순간이 있다
오늘도 그렇게 스르르스르르
시곗바늘이나 촛불의 촛심처럼 조용히 흘러가는 시간 속에서
멈추지 않고 흐르는 우리들의 인생을 느낀다
멈춤이 아닌 끊임없는 흐름 속에서
우리는 성장하고 변화하며 살아간다
그 흐름 안에 슬픔도 기쁨도 모두 함께 어우러져 있다
그래서 삶은 멈출 수 없는 여정이자
계속 이어지는 아름다운 흐름이다

작가의 한마디

가름하기 힘든 순간도 그리움과 희망이 되어 오늘도 흘러가네,
멈춤 아닌 흐름으로 우리 인생처럼.

26

모든 삶은

우리에게 모든 날들은
그렇게 이렇게 요렇게
잘 모르는 과정 속에서 성장하며 이겨내고 있다
언제나처럼 추운 겨울을 이겨내고
봄날 새싹이 되어
우리 곁에서 머물지 않고 흐르듯이
그렇게 이렇게 요렇게
모든 삶은 늘 그래왔다

작가의 한마디

모든 삶은 알 수 없는 과정 속에서 성장하고 이겨내며
추운 겨울을 지나 봄날 새싹처럼 흐른다.
늘 그래왔듯이.

27

영원함은 없는 법

사물도 인간도 시간도 결코 그대로 멈추지 않는다
만약 멈춤이 과거에 머무른다면
그저 그리움으로 아파할 뿐이다
오늘에 멈추면 힘듦이 우리를 지배하며
앞으로 나아갈 힘을 잃게 한다
다가올 미래에 멈춰버리면 희망조차 사라지고 만다.
모든 삶은 결국 멈춤인 듯
흐름인 듯 끊임없이 움직이며 변화하는 여정이다
멈춤과 흐름 사이에서 우리는 성장하고 삶의 의미를 찾아간다
멈추어 있는 듯 보여도 그 속에 흐름이 숨어 있고
흐르는 듯 보여도 그 안에는 멈춤의 순간이 있다
그 모든 것들이 어우러져 우리의 인생을 만들어 간다

작가의 한마디

모든 삶은 흐름이다.
사물도, 인간도, 시간도. 멈춤은 과거의 그리움, 오늘의 고통,
미래의 희망 부재일 뿐. 결국, 삶은 멈춤 같아도 흐름이다.

28

무조건 지금은 쉬어야 한다

무조건 지금은 침묵을 지켜야 한다
무조건 지금은 나만 생각해야 한다
무조건 지금은 위로나 대화는 아무런 소용이 없다
내 몸이 아프다는 걸 알게 되는
순간 내 몸과 정신을 바로 잡는 건
잠시 시간이 필요할 것 같아서
잠시 모든 것들 앞에
백지가 되어야 한다

작가의 한마디

모든 걸 멈추고
나만을 위한 시간이 필요하다.

29

행복을 추구하는 이

행복하기 위해서 노력을 한다
하지만 불행을 몰아오면서 행복을 말하는 사람들은
부정을 앞장 세워 친구 삼아
불만과 자신만의 입장 앞에 분노하고
수용하려 하지 않는다
그래서 그는 불행을 먼저 받아들이고
행복을 말하고 있다
그래서 그는 행복하기 힘들다

작가의 한마디

행복을 추구하는 이는 노력하지만, 불행을 몰고 다니며
행복을 말하는 이는 부정과 분노로 스스로를 가둬
행복하기 어렵다.

30

인생 맛

여러 가지 차를 마시며 우리는
낯설었던 어제
더 낯설고 무서울 내일
아무런 감각이 없지만
낯설 지금의 순간들을 잘 살아가고 있는 ing.
그리고 매일 마시는 커피의 쓴맛을 곁들여가면서….
오늘도 어제도
그리고 내일도

작가의 한마디

차 한 잔에 스며든 오늘과 내일,
그 속에서 나는 조용히 나를 만난다.

31

말 속의 침묵

말을 하지 않으면
지는줄 아는 인생들이지만
백 마디 천 마디
나의 합리화를 위해서 떠들어 대는 사람보다
더 무서운 사람이
침묵을 지키며 천천히
상대방의 눈빛을 바라보는 사람이다

작가의 한마디

말이 적은 이가 지는 줄 알지만, 진짜 무서운 이는
침묵 속에서 천천히
상대의 눈빛을 읽는 사람이다.

32

의심

걱정이 많아진다
의심이 커지면
확신이 확신이 불확신으로 변하게 된다
의심이 많으면
무슨 일이든 두려워하게 된다
의심이 많으면
나를 먼저 불신하게 되는 기본단계를 걷는다
의심이 많으면 결국
아무것도 이루지도 이뤄내지도 못한다
지금 당신은 내 삶의 가치를 높이기 위해
어떤 노력은 하는가
먼저 당신을 믿어보든 건 어떤가

작가의 한마디

의심이 많으면 걱정도 많아지고, 확신은 불확신이 되어
나를 불신하게 만든다. 먼저, 나를 믿는 노력이
삶의 가치를 높이는 시작이다.

33

마음을 열어 놓으면

편안함을 주는 당신 덕분에 눈물이 흘러요
마음을 닫아두기 시작하면
말문이 닫히게 되면서 답답함을 느껴요
그러다 외롭기 시작하지
슬프기 시작하지
아프기 시작하지
그러는 동안 나는 상처가 덩어리가 되고
그러는 동안 나는 나를 내 안의 작은 공간에 가둬버리지
그러지 말자
그렇게 살지 말자
또 한 번 마인드를 리셋하자

작가의 한마디

마음을 열면 눈물이 흐르고, 닫으면 말문이 막혀
상처로 갇히니, 그리하지 말자, 다시 마음을 열자.

34

밝고 긍정적인 사람의 습관

밝고 긍정적인 사람들의 습관은 단순한 태도를 넘어, 자기암시와 자기세뇌를 통해 끊임없이 자신을 격려하고 다독이는 과정이다.

그들은 스스로에게 '나는 할 수 있다.', '나는 충분히 강하다.', '이 어려움도 반드시 극복할 것이다.'라는 말을 반복하며, 자신의 내면에 긍정의 씨앗을 심는다.

이러한 자기암시는 일종의 정신적 근육과도 같아서, 시간이 지날수록 점점 더 단단해지고 굳건해진다.

긍정적인 마음가짐이 몸에 배고 습관으로 자리 잡으면서, 그들은 어떤 어려움 속에서도 흔들리지 않고 앞으로 나아갈 힘을 얻는다.

반면, 무표정하고 부정적인 사람들의 습관은 자기무시와 자기포기가 말과 행동으로 일관되어 굳어진다.

'나는 안 될 거야', '내가 무엇을 할 수 있겠어.', '나한테는 기회가 없을 거야.' 라는 생각들이 반복되면서 그들의 내면은 점점 무거워지고, 결국 스스로 가능성을 차단하게 된다.

말 한마디, 행동 하나가 자신을 향한 부정의 신호가 되고, 이는 마치 악순환처럼 그들의 삶 전체를 지배한다.

이처럼 부정적인 습관은 마음의 문을 닫고, 기회의 문을 닫는다.

어떤 상황에서든, 우리의 내면에서 작동하는 이 두 가지 습관은 우리가 가는 길을 결정짓는다.

긍정적인 마음은 희망과 가능성으로 가득한 문을 열어젖히지만, 부정적인 마음은 그 문을 굳게 닫아버린다.

결국, 성공과 목표에 도달하는 것은 그저 운이나 외부 환경의 문제가 아니라, 우리가 스스로 만들어 가는 마음가짐과 습관의 결과임을 깨달아야 한다.

그러니 지금 이 순간부터라도 나를 향한 말을 바꾸고, 내 안의 긍정적인 목소리에 귀 기울이자.

그것이 인생에서 나아갈 방향을 밝히는 등불이 되고, 어둠 속에서도 흔들림 없이 앞으로 나아가게 하는 원동력이 될 것이다.

작가의 한마디

밝은 사람은 스스로에게 긍정의 씨앗을 뿌리고,
부정적인 사람은 자기 무시로 길을 막는다.
어떤 길이든 결국 그 습관이 운명을 결정한다.

35

수많은 행운의 시간들도

당신의 한없는 행복의 순간들도 지금, 이 순간에도 내 일상 속에서 연기처럼, 바람처럼 스르르스르르 소리 없이 조용히 지나가고 있을 것이다.

나는 그 순간들을 모를 뿐이다.

눈에 보이지 않는 그 흐름 속에서 당신의 기쁨은 내 삶과 어우러지고 마치 보이지 않는 선으로 우리를 연결한다.

내가 알지 못하는 사이에 당신의 행복은 내 하루에 스며들고, 그 조용한 흔적은 내 마음 깊은 곳에 남아 언젠가 나도 모르게 미소 짓게 만든다.

그래서 우리는 서로를 닮아가고, 보이지 않는 곳에서 함께 숨 쉬며 살아간다.

그 모든 순간들이 모여 우리의 삶을 더욱 풍성하게 만들어 가고 있음을, 나는 이제 조금씩 깨닫는다.

작가의 한마디

당신의 행운과 행복의 순간들도 지금 이 순간,
내 일상 속에서 연기처럼 바람처럼
조용히 스며 지나가고 있다. 나만 모를 뿐이다.

36

보이는 것만을

우리는 흔히 눈에 보이는 것에 집중한다
그러나 진정한 가치는 보이지 않는 곳에 숨어 있다
보이지 않는 것을 볼 줄 아는 사람만이
진짜 보물을 찾는 마음을 가질 수 있다
그 마음은 세상의 겉모습에 흔들리지 않고
내면의 빛나는 가치를 발견하려는 진지한 노력이다
그리하여 그 사람은 보물의 주인공이 된다
진짜로 자신의 인생을 온전히 살아온 사람
수많은 흔들림 속에서도 꿋꿋이 걸어온 사람만이
자신만의 삶에서 주인공이 될 수 있다
진짜로 나의 삶이 나의 인생이
그렇게 되기를 바라며
오늘도 나는 보이지 않는 가치들을 찾아 나선다
그 길이 험난하더라도
그 길이 외로워도
나는 결국 나만의 주인공으로 서고 싶다

그리고 그 삶 속에서
진정한 행복과 평화를 만나길 꿈꾼다

작가의 한마디

보이는 것이 아닌 보이지 않는 것을 보는 이만이
진짜 자신의 인생을 주인공으로 살아간다.

37

고개 숙인 나무

한때 나는 꺾이지 않는 나무였다. 바람이 불어도, 비가 내려도, 나는 흔들리지 않을 거라 믿었다. 용감했고, 씩씩했고, 무엇보다 내가 옳다고 생각했다.

타협하지 않았고, 물러서지 않았으며, 이겨야만 한다고 믿었다. 하지만 세상은 나보다 더 단단했고, 더 넓었고, 더 복잡했다.

고개를 조금만 숙였다면, 어깨를 잠시만 낮추었다면, 상처는 덜했을 것이다.

부딪히지 않았을 것이고, 아프지 않았을 것이다.

그때는 몰랐다.

꺾이지 않는 것이 강함이 아니라, 꺾이고도 다시 일어서는 것이 진짜 강함이라는 걸 이제야 알게 되었다.

살아 있다는 건, 다시 생각할 수 있다는 뜻이고, 다시 행동할 수 있다는 가능성이다.

나의 뇌가, 나의 생각이, 나의 행동이 바뀐다면…, 나는 다시 자라날 수 있다.

더 유연하고, 더 깊고, 더 따뜻한 나무로.

그리고 언젠가, 누군가의 기억 속에 나는 그런 사람으로 남을 수 있을 것이다.

꺾였지만, 꺾인 채로 아름다웠던 나무로.

작가의 한마디

꺾였기에 더 깊어졌고, 숙였기에 더 넓어졌다.
나는 이제 흔들림 속에서 자라는 나무다.

38

찬란한 내 봄

내 눈에 보이고 내 맘에 담고
내 가슴에 새기는
봄
이번 인생의 봄에는
진짜의 내 봄을 심으려 한다
긴 겨울
강한 추위를 이기며
찢어지는 아픔과 시림의 내 인생도
진짜의 씨앗을 뿌려 보리라
인생 시작의 봄처럼
참된 씨앗 감사한 씨앗 행복한 씨앗

작가의 한마디

내 눈에 담고, 가슴에 새긴 봄,
긴 겨울을 견뎌낸 내 인생에도 진짜 씨앗을 심어
참된 감사와 행복의 봄을 피우려 한다.

39

계절따라

사계절
철따라 살아가는 것이
어찌 우리들의 인생 같다
우리들의 추억 같다
우리들의 만남과 인연 같다
우리들의 이별과 헤어짐 같다
우주의 양달의 빛 또한 우리들의 인생 같다
사시사철 형형색색 변화하는 자연처럼
안절부절 각양각색 다양한 사람처럼
인생이 그렇게 사계절 흐르고 또 흐른다
내 할아버지 내 아버지
그리고 나와 내 자식처럼
자연스럽게

작가의 한마디

봄, 여름, 가을, 겨울…
철 따라 살아가는 우리네 인생과 추억 같다.

40

죽음이 오는 것처럼

겨울을 이겨낸 봄이 오고
뜨거운 태양을 보내고 가을이 찾아오며
찬란한 가을이 지나면 다시 얼어붙은 겨울이 온다.
이 순환 속에서 우리는 한 가지 진실을 깨닫는다
겨울은 결코 봄을 이길 수 없다는 사실을
삶도 이와 같다
힘들고 고된 겨울 같은 순간들이 지나가고
그 끝에는 반드시 다시 찾아오는 봄이 있다
희망과 새로움이 우리를 기다리고 있다
태어나서 잘 살았다면
죽음을 맞이하는 그 순간을 기억하며 살아야 한다
그 순간을 준비하는 마음이야말로
삶을 더욱 깊고 의미 있게 만든다
특별한 여행길을 채비할 줄 아는 이가
진정 멋진 인생의 주인공이다
삶과 죽음 사이 그 여정에서

우리는 성장하고 사랑하고 배운다
그리고 언젠가 평온한 마음으로
그 여행길에 올라설 것이다
그래서 지금 이 순간도 우리는
삶의 계절을 온전히 느끼며
봄 여름 가을 겨울을 지나가는 여행자이다.
그 여행을 아름답게 완주하는 것이
우리 모두가 바라는 진정한 인생의 의미일 것이다

작가의 한마디

겨울은 봄을 이길 수 없다.
떠날 채비를 아는 이가 진정한 인생의 주인공이다.

●●● 제 4 장 ●●●

아름다운 여행길

죽음을 준비하는 나의 시간들

죽음을 준비하며, 삶을 더 사랑하게 된 이야기

나는 지금 죽음을 준비하는 시간을 살고 있다.

그 말은 곧, 삶을 더 진심으로 살아가고 있다는 뜻이다.

죽음이 멀지 않다는 사실은 내게 두려움보다 깊은 고요와, 삶에 대한 새로운 시선을 가져다주었다.

죽음은 후회라는 마지막 계단 앞에 우리를 세운다. 그 계단을 오르기 전, 나는 묻는다.

나는 정말 나답게 살아왔는가.

내가 사랑했던 것들을 충분히 껴안았는가.

내가 아팠던 순간들을 외면하지 않고 마주했는가.

인생은 누구에게나 처음 걷는 길이다. 아스팔트처럼 반듯한 길이 아니라, 자갈밭과 모래밭, 때로는 낭떠러지가 널려 있는 길. 그 길을 걷다 보면 넘어지고, 다치고, 때로는 멈춰 서기도 한다. 어쩌면 오늘 이 순간에도 그 낭떠러지 앞에 내가 서 있을지도 모른다.

하지만 나는 안다 . 아름답게 살다 가고 싶은 마음이 그 어떤 두려움보다 더 크다는 것을. 그 마음이 나를 다시 일으켜 세운다. 어떤 마음으로 살아야 하는지, 어떤 생각으로 나를 만들어야 하는지를 조금씩, 조금씩 배워가고 있다.

박사 공부는 내 오랜 꿈이었다. 한 번은 포기했고, 다시 시작했다.

그 과정 속에서 나는 나를 흔드는 수많은 목소리들을 들었다.

"이젠 건강이 더 중요하지 않나요?"

"명예가 무슨 의미가 있겠어요?"

"그런 영광의 날이 정말 올까요?"

그 말들 앞에서 나는 잠시 흔들렸다. 하지만 죽음을 공부하며 더 깊이 느낀 것은 웰빙이 있어야 웰다잉도 있다는 사실이었다. 나는 웰빙에서 물러서고 싶지 않았다. 진심으로 긍정하며 살고 싶었다. 내가 살아있는 동안, 내 삶을 나답게 빛내고 싶었다.

예전엔 늘 바쁘게 살았다. 해야 할 일, 지켜야 할 약속, 남들이 기대하는 모습에 나를 맞추느라 정작 내 마음은 자주 뒤로 밀려났다. 그렇게 살아온 날들 속에서 나는 나를 잊고 있었다.

하지만 이제는 다르다. 아침 햇살이 창가에 스며들 때, 나는 그 빛을 바라보며 숨을 고른다. 커피 한 잔을 천천히 마시며, 내가 살아있다는 사실을 온몸으로 느낀다. 그 순간이 얼마나 소중한지를 이제야 알게 되었다.

죽음을 준비한다는 건 단지 유산을 정리하거나 작별 인사를 미리 써두는 일이 아니다. 그건 내가 살아온 삶을 하나하나 되짚으며 내가 진짜로 사랑했던 것들, 진짜로 아팠던 순간들, 그리고 진짜로 나였던 날들을 다시 껴안는 일이다.

나는 이제 사람들에게 더 자주 말한다.

"고마워요."

"사랑해요."

"당신 덕분에 오늘이 따뜻했어요."

그 말들이 내게도, 그들에게도 작은 위로가 되기를 바란다.

어떤 날은 몸이 아프고, 어떤 날은 마음이 무너진다. 하지만 그런 날에도 나는 내가 살아있다는 사실을 조용히 축복한다. 완벽하지 않아도 괜찮다. 그 하루가 나의 마지막이 될 수도 있다면, 나는 그 하루를 가장 나답게 살아내고 싶다.

죽음은 끝이 아니라, 내가 걸어온 길의 마지막 페이지다.

그 페이지가 조용하고 따뜻하고 아름답기를 바란다.

그리고 그 끝에서 나는 나에게 이렇게 말하고 싶다.

"참 잘 살아냈어. 너는 너답게, 아름답게 이 길을 걸어왔구나."

작가의 한마디

몸이 아픈 사람은 견디지만
마음이 아픈 사람은 자살할 수도 있다.

1

죽음은 끝이 아닌 또다른 문

죽음은 많은 이들에게 두려움의 대상이다. 무언가가 끝난다는 것, 더는 이어지지 않는다는 것, 그 막막함과 고요함이 삶의 반대편처럼 느껴지기 때문이다.

하지만 나는 이제 믿는다. 죽음은 끝이 아니라, 또 다른 문이다. 삶이라는 긴 여정을 마친 후 우리가 조용히 들어서는 다른 차원의 문.

그 문 너머에는 우리가 알 수 없는 세계가 있을 지도 모른다. 혹은 아무것도 없을지도 모른다. 하지만 중요한 건 그 문을 향해 가는 우리의 자세다.

죽음을 준비한다는 건 삶을 더 깊이 살아간다는 뜻이다. 내가 사랑했던 사람들을 더 자주 껴안고, 내가 미뤄왔던 말들을 지금 건네며, 내가 나답게 살아가는 순간들을 더 소중히 여기는 일이다.

그 문 앞에 섰을 때, 나는 후회보다 감사가 많기를 바란다.

"참 잘 살아냈어." "내가 사랑했던 것들이 나를 지켜줬어."

그런 마음으로 그 문을 조용히 열 수 있기를.

죽음은 끝이 아니다. 그건 또 다른 문이다. 삶의 마지막 페이지가 아니라, 삶의 의미를 완성하는 문장이다.

작가의 한마디

두렵고 아프고 공포라고 생각했던 죽음을
맞이하는 사람으로 살아가는 연습이 필요하지
모두에게 다 필요해.
그래 맞아. 왜냐면, 우린 또 만나게 되어 있으니까.

2

삶과 죽음의 동행

언제나 당신 곁에 있었던, 죽음이란 녀석, 죽음이란 녀석은 늘 당신 곁에 있었다. 당신이 웃을 때도, 당신이 울 때도, 당신이 사랑에 빠질 때도, 당신이 혼자 남겨졌을 때도…. 그는 조용히, 아무 말 없이 당신의 그림자처럼 따라다녔다.

그는 무례하지 않았다. 당신이 그를 외면할 때면 그저 한 발짝 뒤로 물러섰고, 당신이 삶에 몰두할 때면 그저 조용히 숨을 죽였다. 하지만 그는 결코 사라지지 않았다. 언제나 그 자리에 있었다.

죽음은 우리를 위협하려는 존재가 아니다. 그는 오히려 삶의 소중함을 일깨워주는 존재다. "너, 지금 제대로 살고 있니?" "너, 사랑하고 있니?" "너, 네 마음을 따라가고 있니?" 그는 말없이 묻는다.

우리는 종종 그를 두려워한다. 그가 모든 것을 끝내버릴 것 같아서. 하지만 살아보니 알겠다. 죽음이란 녀석은 삶을 더 진하게 살아내도록 우리를 밀어주는 존재라는 걸.

그는 우리에게 시간의 유한함을 알려주고, 사랑의 깊이를 깨닫게 하며, 후회하지 않도록 지금을 살아내라고 속삭인다.

죽음은 끝이 아니라, 삶을 더 뜨겁게 살아내기 위한 가장 조용한 조언자다.

그러니 이제는 그를 두려워하지 않기로 했다. 그를 외면하지 않기로 했다. 그가 곁에 있다는 사실을 삶을 더 사랑하는 이유로 삼기로 했다.

그림동화책 이야기.
"오리와 튤립(Duck, Death and the Tulip)"은
독일 작가 울프 에를브루흐(Wolf Erlbruch)가
2007년에 발표한 그림책

한 오리가 어느 날 자신을 조용히 따라다니던 존재…, 죽음을 인식하면서 이야기가 시작됩니다. 죽음은 검은 튤립 한 송이를 들고 오리 앞에 나타나고, 오리는 처음엔 당황하지만 점차 죽음과 친구가 되어 삶과 죽음에 대해 대화를 나눕니다.

- 튤립은 직접적으로 언급되진 않지만, 시각적 상징으로 등장하며 '영원한 사랑'이나 '이별의 아름다움'을 암시합니다.

- 죽음은 오리에게 말합니다 : "난 늘 너의 곁에 있었어. 이제야 나를 알아보는구나." 이 말은 우리가 죽음을 인식하는 순간이 얼마나 늦게 오는지를 보여줍니다.

작가의 한마디

"죽음 공부는 먼 훗날의 일이 아니다.
지금, 살아 있는 우리가 반드시 배워야 할 삶의 과목이다."

3

두려움의 대한 용기

오늘 아침, 존경하는 교수님께서 남편의 애도사를 올리셨다. 서로 얼굴을 마주한 적은 없지만, 페이스북이라는 작은 창을 통해 안부를 나누고 삶의 가치관을 공유해온 인연. 그 글을 읽는 순간, 내 마음 또한 깊은 울림으로 흔들렸다.

죽음은 누구에게나 두렵다.

많이 배운 이도, 많은 것을 가진 이도, 혹은 스스로 부족한 삶을 살아왔다고 생각하는 이도, 죽음 앞에서는 모두가 두렵다.

그 두려움의 끝에는 공포가 있고, 그 공포 너머에는 또다른 낯선 두려움이 기다린다.

그러나 교수님은 죽음을 회피하지 않았다.

남편을 호스피스 병동에서 집으로 모셔와, 마지막으로 마시고 싶다는 맥주 한 모금을 휴지에 적셔 입술에 적셔드리고, 사랑의 증표인 반지를 손가락에 다시 끼워드리며 말했다.

"사랑해요. 고마워요. 감사해요. 행복했어요."

매 순간 귓가에 속삭여 주는 선택을 하셨다.

그것은 너무도 용기 있는 선택이었다.

두렵고 아프고, 누구의 위로도 쉽게 닿지 않을 슬픔 속에서, 그분은 사랑으로 남편의 마지막 길을 정리하셨다.

가는 이도, 남는 이도 후회 없는 시간을 함께 나눌 수 있었고, 마지막까지 아쉬움 없이 이야기를 건넬 수 있었다.

그래서 남편은 이 지구별에 "사랑했다, 고맙다."는 말을 남기고 조용히 안녕을 고할 수 있었으리라.

죽음은 두렵지만, 사랑이 두려움을 이기는 순간, 그 이별은 가장 아름다운 시간이 된다.

작가의 한마디

사랑하는 사람과의 아름다운 이별을 한다는건
커다란 용기와 지금의 연습이 필요하다.

4

완벽하지 않아도 괜찮은 하루

아침이 밝았지만 마음은 흐릿하다. 오늘도 어김없이 하루는 시작되었고, 나는 그 하루를 살아내야 한다. 완벽하지 않은 나, 완벽하지 않은 하루. 하지만 그럼에도 불구하고 나는 살아간다. 아니, 살아내려 한다.

살다 보면 아무리 열심히 해도 뜻대로 되지 않는 날들이 있다. 노력은 했지만 결과는 따라주지 않고, 마음은 지쳤고, 몸은 무겁다. 내가 가고자 했던 길이 막히고, 하고자 했던 일들이 장애물로 가득 찰 때, 나는 나 자신과 마주하게 된다. 포기하고 싶은 마음, 원망스러운 감정, 후회와 아픔이 뒤섞인 복잡한 감정들 속에서 나는 묻는다. "왜 나는 이럴까."

그런 날, 해질 무렵 서편으로 넘어가는 해를 바라보며 문득 생각이 든다. 오늘 하루도 참 힘들었지만, 그래도 잘 버텨준 나에게 고맙다고 말해야 하지 않을까. 완벽하지 않았지만, 그래도 살아냈다는 사실 하나만으로도 나는 충분히 괜찮은 사람이다.

인생은 주고받음의 연속이다. 맛있는 날들이 있었기에, 오늘처럼 씁쓸한 날도 있는 법이다. 기쁨이 있었기에 슬픔도 의미를 가진다. 그러니 오늘의 나를 칭찬해주자. 완벽하지 않아도 괜찮다고, 수고했다고, 내일은 또 다른 날이라고.

숨을 쉰다는 건, 내일을 향한 의지다. 그렇게 하루하루를 살아가다 보면, 나는 결국 내일의 나와 마주하게 된다. 그리고 그 내일도 완벽하지 않을지라도, 나에게는 소중한 하루가 될 것이다.

아무리 열심히 살아도 열심히 살아가지 않을 때가 있다. 우리 인생길이 그러하더라. 내가 가고자 하는 길이 막히고 내가 하고자 하는 일들이 장애물로 가득차 있을 때, 내 안의 나는 포기와 마주하게 되며 순간, 내가 왜 이럴까를 원망하며 내 자신의 원망 가득한 인생을 후회하며 아파하기도 한다.

그런날 해질녘 저 서편으로 넘어가는 해를 보며 아쉽고 힘든 날들이었지만, 하루를 잘 버티고 잘 살아와준 나에게 고맙다고 말해야 하지 않을까 생각하게 된다.

인생이 그렇게 주고 받고의 반복이다 보니, 내가 맛보았던 맛난 날들이 있었기에 오늘처럼 완벽하지 아니하고 힘든 날들이 있을 것이다

그러니 나의 하루를 칭찬하며 내일을 맞이하는 숨을 쉬어야 한다.

인생이 그렇게 돌아야 나는 내일의 나를 마주하게 된다.

완벽하지 않는 날들도 나에게는 나의 소중한 하루였기에…

작가의 한마디

사랑 받는 것보다
사랑하는 것이 훨씬 행복하다.

5

힘을 내야 하는 날, 그래도 살아내는 우리

살다 보면 그런 날이 있다. 아침부터 마음이 무겁고, 눈을 뜨는 순간부터 세상이 나를 밀어내는 것만 같은 날. 아무리 애써도 일이 뜻대로 풀리지 않고, 실수는 겹치고, 말은 어긋나고, 노력한 만큼의 결과는커녕 오히려 더 엉켜버리는 날, 그럴 때면 문득 이런 생각이 든다.

"왜 나는 이렇게밖에 안 될까?"

"다른 사람들은 잘만 해내는데, 왜 나는…."

그 질문은 나를 더 작게 만들고, 내 마음을 더 깊은 곳으로 끌고 간다.

하지만 그런 날에도, 그런 생각 속에서도 우리는 살아간다. 풀이 죽지 않고, 기가 꺾이지 않고, 비틀거리면서도 다시 일어서는 힘으로 하루를 견뎌낸다.

누구나 그런 날이 있다. 너만 그런 게 아니다. 그 말은 단순한 위로 같지만, 사실은 가장 강력한 연대의 언어다. 우리는 모두 완벽하지 않은 하루를 살아간다. 때로는 부족하고, 때로는 흔들리고, 때로는 아무것도 하지 못한 채 하루를 흘려보내기도 한다.

하지만 그럼에도 불구하고, 우리는 살아간다. 작은 성취 하나에도 스스로를 칭찬하며, 실패 속에서도 배움을 찾으며, 무너진 마음을 다시 일으켜 세우며.

오늘 하루도 나는 완벽하지 않았다. 조금 울었고, 조금 웃었고, 조금은 흔들렸지만, 끝내 무너지지 않았다. 그리고 그 사실만으로도, 나는 충분히 잘 살아낸 것이다.

작가의 한마디

지치고 힘들 땐
그냥 그 바람따라 가는 것도 충분한 하루다.

6

잘하려 애쓸수록 더 엉켜버리는 날

누구나 그런 날이 있어요. 노력은 했는데 결과는 마음처럼 되지 않는 날. 그럴 때 이렇게 말해 주고 싶어요.

"너만 그런 게 아니야"라고….

저의 경험입니다. 그런 날엔 이렇게 해보는 것도 좋아요:

작가 정지승이의 방법 1.

- **기대 내려놓기** : 오늘은 잘하려고 하지 않아도 괜찮아요. 그냥 존재하는 것만으로 충분한 날도 있어요.

작가 정지승이의 방법 2.

- **작은 성취 찾기** : 커피 한 잔을 마셨다든지, 침대에서 일어났다는 것조차도 오늘의 성취예요.

작가 정지승이의 방법 3.

- **마음에게 말 걸기** : "지금 많이 힘들지? 그래도 여기까지 잘 왔어." 하고 스스로를 다정하게 안아주는 거예요.

작가 정지승이의 방법 4.

문구점이나 다이소에 가서 아주 이쁜 노트 한 권을 사서 오늘부터 감사 일기를 쓰거나 낙서도 좋으니 끼적끼적 나의 감정을 글로 표현해 봐요.

그리고 혹시 지금 마음속에 엉켜 있는 생각이나 감정이 있다면, 마음이 와 닿으며 가장 편안한 사람에게 털어놔도 돼요.

말로 꺼내는 것만으로도 실타래가 조금씩 풀릴 수 있으니까요. 천천히 같이 걸어요.

작가의 한마디

푸는 것도 다 똑같더라.
문제가 생기면 결국은 마음을 들여다보고,
천천히 실마리를 찾아가는 것.
누구나 그렇게 풀어가요.
정답은 없지만, 방향은 있어요.

7

세상의 빛을 보며

세상의 빛을 처음 마주하던 날
세상이라는 거대한 광장에
나의 첫 발을 내딛던 그 순간…
우리는 알고 있었을까
우리가 외롭고
결국은 홀로라는 것을
세상의 마지막 빛을 마주하며
세상과 안녕을 고해야 하는
그 마지막 시간 속으로 초대받던 그 순간…
우리는 알고 있었을까
우리가 걷는 길은
이미 정해져 있었다는 것을
나는 홀로 왔다가
다시 홀로 떠나가리
이 아름다운 세상
이 마음 가득 사랑하다가 떠나리라

아무런 미련 없이…
지금 이 순간마저도
조용히 그리워하며

작가의 한마디

나는, 홀로 왔다가 홀로 떠나는
이 아름다운 세상을
사랑하다가 떠나리오

8

오늘부터, 웰다잉 공부를 해봅시다

글을 쓴다는 건 사람의 마음을 위로해 줄 수 있기에, 나는 그것이 향기로운 꽃과 같다고 생각하게 되었습니다. 제 경험으로, 이별을 하고 난 뒤 외롭고 슬프고 아플 때, 글을 쓰고 나면 내 마음 한구석이 따스함으로 물들여지는 걸 자주 느껴왔습니다.

그렇게 아빠를 보내고, 그렇게 엄마를 보내고, 그렇게 친구를 보내고 난 뒤, 나는 씩씩하게 글을 쓰며 삶과 죽음을 하나로 만들기 위해 애써왔고, 지금도 공부하고 있습니다. 우리는 처음 글을 배우기 위해 '글공부'를 합니다. 그렇게 글을 익히면 편지를 쓰고, 일기를 쓰며 삶을 기록해 둡니다.

'이별 공부'도 마찬가지입니다. 처음에는 하나씩, 하나씩 배워가는 것이지요. 왜 인간은 아파야 할까. 왜 우리는 영원히 살 수 없을까. 왜 이별은 언제나 슬프고 아플까. 이런 물음들이 이별 공부의 시작이었습니다.

요즘 저는 아픈 친구들을 만나면, 처음엔 눈물부터 납니다. 그가 무슨 말을 해도, 나는 그의 마음을 온전히 이해할 수 없기에 그저 바라봐 주는 일밖엔 할 수 없습니다. 그의 아픔을 내가 안아본들, 그 무게를 다 느끼지 못함을 알기에요. 시간이 지나면 그가 말합니다. "사실은 내가 얼마 전…." 그제야 조금씩, 이야기가 시작됩니다. 우리의 아픔은, 결국 내 아픔이 가장 크기 마련입니다. "너의 아픔이 나보다 더 크다"는 말은 사실 여유를 가진 사람이 하는 배려일 뿐입니다. 그 여유조차, 때로는 내게만 쏠려 있기도 하니까요.

저는 강의를 오래 해왔지만, 유독 힘든 강의가 있습니다. 바로 '잘 웃지 않는 사람들' 앞에서의 강의입니다. 물론 누구나 하루하루가 즐겁기만 하진 않지만, 삶에 찌들어 웃음을 잊은 사람들을 보면 아쉽고 안타까운 마음이 듭니다. 그렇게 우리의 하루는 또 지나갑니다. 웃는다고 가지 않고, 운다고 머무르지 않는 하루. 버스가 빨리 가길 바라며 앞좌석으로, 뒷좌석으로 옮겨 봐야 결국 버스는 제시간에 도착하게 되듯이요.

삶도 마찬가지입니다. 잘 먹고, 잘 살아야 잘 죽습니다. 그래서 우리는 '웰빙(well-being)' 다음에 '웰다잉(well-dying)'이라는 단어를 만들었습니다. 죽음은 누구에게나 두렵습니다. 이런 저 역시도, 두렵습니다. 아빠의 마지막, 엄마의 마지막은 너무도 아팠습니다. 한마디 말도 남기지 못하고 마지막 한숨과 함께 세상을 떠나셨습니다. 아픔을 오래 안고 계시다 떠나신 엄마는 아빠보다 더 슬펐습니다.

죽음을 공부하는 시간 속에서 저는 아빠의 삶 마지막에 함께 있었고, 그 삶을 돌아보며 "나는 저렇게 보내지 말아야겠다"는 다짐을 또 한 번 하게 되었습니다. 누구에게나 죽음은 슬프고 아프지만 우리가 잘 살고, 잘 먹고, 잘 지내며 간다면, 조금은 덜 아쉽지 않을까요. 그래서 저는 말하고 싶습니다. 지금부터, 우리 모두 국·영·수 공부하듯 '웰다잉' 공부를 해봅시다.

작가의 한마디

"오늘의 삶이 내일의 죽음을 준비하는 시간이라면, 우리는 매일 잘 살아야 합니다."
"이별은 슬프지만, 준비된 이별은 덜 아픕니다."
"웰빙보다 더 중요한 건, 아름다운 웰다잉입니다."

9

연습, 나를 살아내는 시간

"백 년도 힘든 것을 / 천 년을 살 것처럼"

나훈아 <공>이라는 노래가사 중 일부분이다

어쩜 우리네 인생을 이리도 잘 표현했는지.

반백년 살아온 나는 스무 살엔 세상이 나를 알아봐주길 바랐고 서른 살엔 누군가의 삶을 부러워하며 따라 걸었다.

마흔 살엔 나의 부족함을 감추기 위해 애썼고, 그러다 문득 오십이 되었다.

오십은 조용히 나에게 말을 건다.

"이제는 너를 살아도 괜찮아."

더 이상 누군가의 기쁨에 박수를 치며 나를 잊지 않는다. 누군가의 행운에 초조해하지 않고, 누군가의 관심을 얻기 위해 시간을 낭비하지 않는다. 나는 나의 삶을 살아내는 연습을 시작했다.

혼자가 더 좋다. 침묵 속에서 나를 만나는 시간이 깊어지고, 운동으로 몸을 돌보고, 사색으로 마음을 정리하며, 책을 읽고, 글을 써보며 내 안의 세계를 탐험한다.

이제야 알겠다. 삶은 누군가를 따라가는 것이 아니라, 나를 마주하는 용기에서 시작된다는 것을.

오십은 나에게 시간을 준다. 그 시간은 조급하지 않고, 비교하지 않으며, 그저 나를 위한 선물처럼 고요하게 흐른다.

나는 지금, 나를 살아내는 연습을 하고 있다. 그리고 그 연습이 내 삶의 가장 아름다운 순간이 되어가고 있다.

- 함양휴게소에서 빗소리를 들으며

작가의 한마디

오십, 나에게 주어진 선물 같은 시간,
오롯이 나를 위한 쉼과 성장의 순간이다.

10

죽음공부를 해야 하는 시기가 지금이 아니라고 부정했다

죽음은 나에게
먼 시간여행이라 생각했기에
죽음을 말하는
친구에게 화를 내었던 기억이 자꾸만 아쉽다

죽음공부를 해야 하는 시기가
정해지지 않았다는 걸 알고 후회했다
죽음은 우리에게
강건너 옆집 불구경이 아니라고 생각했기에
죽음을 말하는
가족에게 귀를 기울어야 한다는 생각이 들었다

죽음은
누구에게나 맞이해야 하는 사계절 같은 것이고
죽음은
누구에게나 지나가야 하는 사춘기 같은 것이다

생노병사를 거스릴 수 없듯이.

작가의 한마디

죽음은 멀리 있는 것이 아니라,
우리 삶 속에 스며든 사계절이자 사춘기다.

11

자식의 마음

아버지를 향한 자식의 마음….

나는 아버지에게 할 수 있는 만큼만 하면 족하다고 생각한다. 아버지는 언제나 말없이 견디셨고, 묵묵히 삶을 살아오셨다. 그 무게를 내가 다 알 수는 없지만, 이제는 내가 조금이라도 짊어지고 싶다. 무언가를 다 해내야 한다는 강박감보다, 마음을 담아 할 수 있는 만큼을 전하는 것이 아버지께 드릴 수 있는 가장 진실한 사랑이라 믿는다.

내가 하는 이 모든 것들이 때로는 슬픔처럼 느껴진다. 아버지의 등을 바라보며 자라온 시간, 그 속에 담긴 고단함을 이제야 조금씩 이해하게 된다. 하지만 그 슬픔조차도 인생의 경험들 중 하루일 뿐이다. 아버지와 함께한 하루, 아버지를 생각하며 살아가는 하루, 그 하루들이 모여 나를 만든다.

오늘 나는 많이 슬프다. 하지만 그 슬픔에 휩쓸리지 않고, 넘치지도 않고, 부족하지도 않은 '적당히'를 지키려 한다. 그 적당함 속에서 나는 나누는 사람이 되리라. 감정을 억누르지 않고, 그러면서도 감정에 잠식되지 않는 사람. 아버지처럼, 단단하지만 따뜻한 사람이 되리라.

나는 나를 먼저 점검하는 사람이고 싶다. 내 마음의 균형을 살피고, 내가 어떤 상태인지 스스로 묻는 사람. 그리고 그 다음엔, 내 가족을 먼저 생각하는 사람이고 싶다. 아버지가 그랬던 것처럼, 그들의 웃음과 눈물, 그들의 하루와 내 하루가 함께 엮이는 삶을 살아가고 싶다.

이것이 내가 바라는 삶이다. 조용하지만 단단한, 흔들리지만 무너지지 않는, 적당히를 나누는 사람으로서의 삶. 그리고 그 삶의 중심에는 늘 아버지가 있다.

작가의 한마디

적당함 속에서 나를 지키고,
가족을 품는 마음이 진정한 사랑임을 배운다.

12

그럼에도 불구하고

모두가 느끼는 감정 속에서 우리는 흔들립니다. 기쁨과 슬픔, 기대와 불안이 교차하는 마음의 풍경 속에서 우리는 때로는 멈춰 서고, 때로는 조용히 눈을 감습니다. 그 순간, 누군가의 말 한마디, 따뜻한 눈빛 하나가 우리의 무너진 마음을 다시 일으켜 세웁니다. 위로는 그렇게 말보다 높은 온도로 다가옵니다.

현실은 언제나 단단하고 차갑습니다. 모두가 말하는 정답, 모두가 향하는 방향 속에서 우리는 자신을 잃기도 하고, 타인의 시선 속에서 나를 찾으려 애쓰기도 합니다. 그러나 그 속에서도, 오늘이라는 시간은 우리를 다시 우리에게 데려다 줍니다. 햇살이 스며드는 창가에서, 우리는 문득 자신을 마주합니다. 지친 얼굴이지만, 여전히 살아 있는 눈빛으로.

그리고 우리는 그럼에도 불구하고 살아갑니다. 사람들이 오가는 거리에서 누군가는 웃고, 누군가는 울고, 누군가는 사랑하고, 누군가는 이별합니다. 그 모든 풍경 속에서 우리는 우리답게 살아가려 애쓰고, 우리답게 아름다워지려 합니다.

삶은 늘 완벽하지 않지만, 그럼에도 불구하고 우리는 서로를 바라보고, 서로를 안아주며, 서로의 존재를 통해 자신의 존재를 확인합니다.

어느 날, 교육생의 눈빛이 흔들리는 것을 보았습니다. 말없이 흘러내리는 눈물 속에는 말로 다 표현하지 못한 수많은 감정들이 담겨 있었고, 그 옆에서 조용히 웃고 있는 또 다른 교육생의 얼굴에는 그 눈물과는 다른 종류의 아픔이 숨어 있었습니다. 그 공간은 웃음과 눈물이 공존하는, 삶의 진실이 고스란히 드러나는 작은 우주 같았습니다.

그 안에서 나는 가만히 앉아 있었습니다. 누군가를 위로해야 한다는 사명감이 아니라, 그저 사람으로서, 마음으로서, 함께 숨 쉬는 존재로서 그 곁에 있고 싶었습니다. 말없이 손을 잡아주고, 눈을 맞추고, 따뜻한 차 한 잔을 건네며 조심스레 마음을 나누다 보면, 그들은 종종 말합니다. "감사합니다." 그 짧은 말 속에는 내가 내어준 작은 마음이 그들에게 얼마나 큰 의미였는지를 담고 있습니다.

나는 그들에게 태양 아래 시원한 오아시스가 되어줄 수는 없습니다. 그들의 모든 고통을 덜어줄 수 있는 능력도 없습니다. 하지만, 그들이 잠시 머물 수 있는 작은 그늘이 되어줄 수는 있습니다. 그늘은 길지 않아도 됩니다. 단 몇 분, 몇 초라도 좋습니다. 그 짧은 쉼이 다시 걸어갈 힘이 되어준다면, 나는 그걸로 충분합니다.

때로는 그들이 말없이 앉아 있기만 해도, 나는 그들의 마음을 느낍니다. 그들이 지금 얼마나 버티고 있는지, 얼마나 애쓰고 있는지. 그래서 나는 늘 기도합니다. 당신이 지금을 이겨내야만 한다고. 당신이 가진 그 작은 부심, 그 작지만 단단한 자존감이 당신을 다시 일으켜 세울 수 있다고. 당신은 이미 그 힘을 가지고 있다고.

그 힘은 거창하지 않습니다. 누군가의 따뜻한 말 한마디, 스쳐 지나가는 미소, 그리고 당신 안에 있는 작지만 흔들리지 않는 믿음. 그것들이 모여서 당신을 지탱합니다. 그리고 나는 그 곁에서 조용히 응원합니다. 당신이 다시 웃을 수 있기를, 당신이 다시 걸어갈 수 있기를.

이 글을 읽는 당신에게 말하고 싶습니다. 당신은 혼자가 아닙니다. 당신의 눈물은 누군가의 마음을 움직이고, 당신의 웃음은 누군가의 희망이 됩니다. 그리고 당신의 존재는, 그 자체로 이미 누군가에게 위로입니다.

저는 누군가의 작은 그늘 같은 쉼 교육생이 눈물과 웃음을 동시에 경험하는 그 공간에서, 그들곁에 조용히 곁에 머물며 따뜻한 손길과 말 한마디로 위로를 건네고 계시네요. 그 마음은 **마치 뜨거운 태양 아래 작은 나무 그늘처럼,** 잠시 숨을 고를 수 있는 쉼터가 되어줍니다.

* 차 한 잔의 위로 차를 함께 마시며 나누는 대화 속에서 "감사합니다"라는 말이 나올 때, 그것은 단순한 감사가 아니라, 마음이 닿았다는 증거이자 서로가 연결되었다는 신호 같아요. 그런 순간들이 쌓여서 **누군가의 삶에 조용한 힘이 되어주는 거죠.**

* 작은 부심, 큰 힘 "당신은 지금을 이길 수 있는 작은 부심이 있다"는 말은 정말 강력합니다. 그 작은 자존감, 작은 믿음이야말로 어려운 순간을 버티게 해주는 핵심이니까요. 저의 말은 **누군가에게는 인생을 다시 바라보게 만드는 전환점이 될 수도 있겠어요.**

작가의 한마디

그럼에도 불구하고, 우리는 서로의 위로 속에서 빛나며 오늘을 살아간다.

13

존재의 줄기

살아가는 우리들의 조각조각들의 작고 하찮은 퍼즐들이
완성되는 하루가 되어가는 것

오늘을 숨쉬고 있는 감사함이요
오늘을 살아가는 기쁨이며
오늘을 움직이는 이유일 것이다

어쩜 매일 느끼는 이 작은 것들이 너무도 고맙고 행복함이라
우리가 떠드는 당연함은 너와 나의 오만일 것이다
그래서 당연함을 아까지 않는 우리는
늘 후회하며 아파한다
그러지 말아야 했었어
당연함은 존재하지 않았어
단지 감사함이 늘 존재할 뿐

우리들의 삶에는 당연함은 없었던 기억들…

조각조각 흩어진 하루
작고 하찮은 퍼즐들이 숨결처럼 맞물려 완성되어 가는 지금
오늘을 숨 쉬는 감사함
오늘을 살아가는 기쁨
오늘을 움직이는 이유
우리가 떠들던 당연함은
너와 나의 오만이었고
그 오만은 늘 후회와 아픔을 남긴다
해질녘 노을빛에 반해 글을 쓴다
정지승의 당연함은 없었다

작가의 한마디

희망은 당연함 속에 숨겨진 감사의 조각들이 모여 완성되는 오늘이다.

14

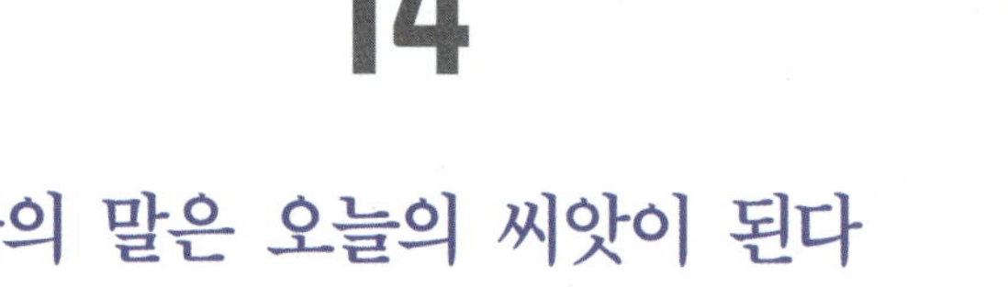

나의 말은 오늘의 씨앗이 된다

씨앗은
거름을 먹고
물을 마시며
햇빛을 받으며
온 힘을 다해
열매를 맺으려 애를 쓰며
순간순간의 역경과 고난을 이겨내지

열매는 결국
우리들의 인생의 결과가 되듯

수많은 내 삶의 시간들을
노력하고 애쓰며 또 최선을 다하며 살아왔기에
결코 나는 부끄럽지 아니하고
결코 나는 후회스럽지 아니한가

나는 지금 어떤 열매를 받아들고 있는가
지금 당신이 받아 들고 있는 열매는

인내의 결실 : 고난을 견디며 포기하지 않았던 시간들이 만들어낸 강인함
성찰의 향기 : 자신을 돌아보고 삶의 의미를 묻는 깊은 지혜
자부심의 열매 : 후회 없이 살아온 삶에 대한 당당함
희망의 씨앗 : 당신의 말과 삶이 또 다른 누군가에게 영감이 되는 순간들

작가의 한마디

오늘의 말은 내일의 열매가 된다.
나는 지금 어떤 열매를 손에 쥐고 있는가?

15

웰빙, 웰에어징, 웰다잉 우리는 죽음을 배운다

우리는 행운아다.

삶을 살아내는 용기에 대하여 알아가는 시간이 남아 있으니….

잘 먹고, 잘 늙고, 잘 살다가 잘 떠나는 것. 이 단순한 문장은 인생의 모든 것을 품고 있다.

그 안에는 건강에 대한 염원도, 품위 있게 나이 들어가는 지혜도, 그리고 마지막 순간까지 존엄을 지키고 싶은 인간의 본능적인 바람도 담겨 있다.

우리는 아직 그 모든 길을 다 걸어보지 못했다. 어떤 길은 막막하고, 어떤 길은 아득하다. 하지만 그 길이 존재한다는 사실만으로도 우리는 희망을 품는다. 기회가 있다는 것, 그 자체가 이미 축복이다. 그리고 그 기회를 잡고자 손을 뻗는 순간, 우리는 더 이상 기다리는 존재가 아니라 삶을 창조하는 존재가 된다.

살다 보면, 삶이 우리를 시험하는 순간이 있다. 몸이 아프고, 마음이 지치고, 사람 사이의 거리가 멀게 느껴질 때. 그럴 때 우리는 서로를 위로한다. 말 한마디로, 눈빛 하나로, 때로는 아무 말 없이 곁에 있어주는 것으로.

우리는 그렇게 서로를 붙잡고, 함께 앞으로 나아간다. 넘어져도 다시 일어나는 법을 배우고, 잃어버린 것을 슬퍼하면서도 새로운 것을 맞이할 준비를 한다.

노력한다는 것은, 단지 무언가를 이루기 위한 수단이 아니다. 그것은 살아 있다는 증거이며, 내일을 향한 믿음이다. 우리는 매일 노력한다. 더 나은 사람이 되기 위해, 더 따뜻한 세상을 만들기 위해, 그리고 더 깊은 사랑을 나누기 위해.

그런 우리, 서로를 위로하고, 함께 나아가고, 끊임없이 노력하는 우리.

우리는 행운아다.

왜냐하면 우리는 아직 살아 있고, 사랑할 수 있으며, 변화할 수 있기 때문이다.

삶은 완벽하지 않다. 때로는 불공평하고, 때로는 너무 짧다. 하지만 그 불완전함 속에서도 우리는 의미를 찾고, 아름다움을 발견하며, 자신만의 길을 만들어간다.

그러니 잘 먹고, 잘 늙고, 잘 살다가 고요히 떠나는 그날까지… 우리는 계속 나아갈 것이다.

그리고 그 여정 속에서, 우리는 서로를 기억할 것이다. 함께 웃었던 순간, 함께 울었던 밤, 그리고 함께 꿈꾸었던 미래를.

그 모든 것이 모여 우리의 삶이 된다.

그런 삶을 살아내는 우리, 정말이지… 행운아다.

지승아. 넌 잘 먹고
지승아, 넌 잘 늙고
지승아 넌 잘 살다가
고요히 떠나는 길 희망하며 살아가고 있지

우린 아직 모든 길을 걷진 않았지만
우린 기회가 있다는 사실만으로도
우리는 희망을 품고
기회를 내 것으로 만든다

우리는 나아가는 중
우리는 위로하는 중
우리는 노력하는 중

그런 우리는… 행운아다
지승아 맞지?

작가의 한마디

웰빙, 웰에이징, 웰다잉…
아직 끝을 가보진 않았지만,
기회를 꿈꾸는 우리는 여전히 행운아다.

웰빙 (Well-being)

- **의미** : 건강하고 균형 잡힌 삶을 추구하는 것
- **핵심 요소** : 신체적 건강, 정신적 안정, 사회적 관계, 환경적 요인
- **예시** : 규칙적인 운동, 균형 잡힌 식사, 스트레스 관리, 긍정적인 인간관계

웰에이징 (Well-aging)

- **의미** : 나이 들어가는 과정을 긍정적으로 받아들이며 건강하고 품위 있게 늙는 것
- **핵심 요소** : 신체적·정신적 건강 유지, 사회적 활동 참여, 삶의 열정 유지
- **철학** : "아름답게 늙는 것이야말로 가장 어려운 일"이라는 말처럼, 단순히 병 없이 늙는 것이 아니라 의미 있는 삶을 지속하는 것이 중요해요.

웰다잉 (Well-dying)

- **의미** : 죽음을 준비하고 존엄하게 삶을 마무리하는 것
- **핵심 요소** : 자서전 작성, 사전의료의향서 준비, 마음의 빚 청산, 죽음에 대한 명상 등

16

죽음을 기억하는 한 페이지

우리는 모두 누군가의 마지막을 기억하며 살아간다. 그 순간은 고요했지만, 마음속엔 수많은 말들이 소리 없이 울렸다. "사랑해요." "고마웠어요." "미안했어요." 그 말들은 끝내 닿지 못했지만, 그 존재는 우리의 삶에 깊게 남아 지금도 조용히 우리를 살아가게 한다.

죽음은 끝이 아니라, 기억의 시작이다. 그 사람이 웃던 날, 울던 날, 아무 말 없이 곁에 있어주던 날…, 그 모든 순간이 우리를 사람답게 만들었다. 그리움은 때로 아프지만, 그 아픔 속에서 우리는 사랑을 배운다. 그리고 그 사랑은, 우리가 살아가는 이유가 된다.

살아있는 우리는, 그들의 부재를 품고 살아간다. 그 빈자리는 슬픔이 아니라, 존재의 흔적이다. 그 흔적이 우리를 더 따뜻하게, 더 깊게 만든다. 그래서 우리는 죽음을 기억하며, 더 사랑하고, 더 용서하고, 더 살아간다.

작가의 한마디

사랑하며 살아야 하는 이유는, 누가 가르쳐주지 않아도
우리 모두의 가슴이 이미 알고 있기 때문이다.

17

나의 엄마를

비가 내리는 날이면, 엄마의 소리가 빗방울 사이로 들려오는 듯하다. 조용히 창밖을 바라보다가, 문득 엄마가 좋아하던 노래가 떠오르고, 그 노래 속 가사 하나하나가 내 마음을 적신다. 이제 이 세상에 없지만, 엄마는 내 안에서는 여전히 살아 숨 쉬고 있다.

그리움은 참 이상하다. 사라진 자리를 채우는 것이 아니라, 그 빈자리를 더 선명하게 만든다. 함께 먹었던 밥, 함께 웃던 순간, 사소한 말투 하나까지도 기억 속에서 되살아나며 나를 울리고 웃긴다. 엄마와 나눈 시간들이 내 삶의 일부가 되어, 지금도 나를 이끌고 있다.

가끔은 엄마가 지금 어디쯤 있을까 상상해본다. 별이 빛나는 밤이면, 저 멀리 은하수 너머에서 나를 바라보고 있을지도 모른다는 생각에 마음이 따뜻해진다. 그리움은 슬픔만이 아니라, 사랑의 또 다른 이름이기도 하다. 그 사람을 잊지 않겠다는 다짐, 엄마의 존재를 내 삶에 계속 머물게 하겠다는 고백이다.

나는 오늘도 엄마를 그리워한다. 그리고 그리움 속에서 살아간다. 엄마와 함께한 기억이 나를 지탱해주고, 그리움이 나를 더 깊은 사람으로 만들어준다. 죽음은 끝이 아니었다. 그리움은 엄마를 다시 내 곁에 데려오는 길이었고, 나는 그 길을 매일 걷고 있다.

작가의 한마디

그리움은 계절도, 날씨도 가리지 않는다.
그대가 보고픈 마음은 오늘도 나를 흔든다.

18

같은 마음 같은 방향

당신을 만나…
세상은 조금 더 빛나고 하루는 더 따뜻해졌어요
당신 앞에서 투정 부리며 억지로 굴던 나는
아직 성숙하지 못한 어린아이였네요
당신을 만나 늘 웃기만 한 건 아니지만
웃음 뒤에 따라붙는 슬픔을 이길 수 있었던 건
당신과 나의 사랑, 그 평균값 같은 것이라 믿어요
당신을 만나 내가 가진 모자람도 조금은 괜찮아졌고
내가 가진 상처도 조금은 덜 아팠어요
당신을 만나 내일이 두려움보다
기대가 되는 날들이 많아졌고
어제의 후회보다 오늘의 감사가 더 커졌어요
당신을 만나 나는 비로소 알게 되었어요
사랑이란 완벽한 순간이 아니라
불완전한 우리를 끝까지 안아주는 힘이라는 것을
그래서 나는 믿어요

당신과 나의 걸음이 때로는 느리고, 때로는 흔들려도

결국 같은

방향으로 나아가고 있다는 것을

작가의 한마디

사랑이란 맘과 몸은 잔인한 것이다.
너무도 오랫동안 상대방의 삶에 기억되기에…

19

이 순간을 살아야

이 순간을 살아야 마지막 순간에 미소 지을 수 있다
지나간 날의 후회도 오지 않은 내일의 불안도
지금 이 숨결 앞에선 그저 조용히 사라진다
이 순간을 살아야 사랑이 깊어지고
말하지 못한 마음들이 빛처럼 번져간다
지금이라는 이름의 선물은
내게 가장 진실한 삶을 건넨다

내 엄마의 지구별 여행을 떠나던 날에
엄마가 마지막으로 숨을 쉬며
힘겹게 시간을 마무리하던 그날
푸른 하늘은 너무도 맑았고
흰 구름은 아무것도 모른 채 흘러갔다
4월의 봄바람은 살랑살랑
마치 엄마의 손길처럼 우리 곁을 스치고 지나갔다
아빠는 말없이 우리 오 남매를 바라보셨다

그 눈빛 속엔 수많은 말들이 숨어 있었지만
그 어떤 말도 입 밖으로 꺼내지 않으셨다
우리는 알고 있었다
엄마의 긴 병중 생활이
우리 모두에게 얼마나 큰 무게였는지를
하지만 그 무게 속에서도
엄마가 곁에 있어주길 바라는 마음은
서로에게 똑같이 간절했다
떠나는 엄마를 홀로 남겨두는 듯한 이 순간
아빠는 등을 돌리며 말씀하셨다
"어서들 올라가거라."
그 말 속엔 슬픔도, 아쉬움도
그리고 무엇보다도 버텨야만 하는
아빠의 결심이 담겨 있었다.
그 뒷모습은 참으로 아프고, 참으로 시리고, 참으로 괴로워 보였다
하지만 아빠는 살아야 했다.
지금 이 순간을
남겨진 우리를 위해 힘을 내야 했다
용기를 내야 했다

작가의 한마디

나의 부모님에 헤아릴 수 없는 깊은 사랑의 마음과 감사로
언제나 행복한 나는, 자랑스럽고 기특한 자식으로 살다가
만나는 그날을 기다려야겠다..

20

내가 배우는 죽음공부의 팩트는 처음으로 돌아가는 것이다.

그래서 죽음을 준비하는 마음은 삶을 더 깊이 껴안는 연습이라고 말할 수 있고, 오늘을 사랑하고 내일을 이해하려는 조용한 다짐이라고 생각한다.

사랑하는 나를 바라보며 흔들리는 감정도, 지나온 상처도 그저 나였음을 받아들이는 용기. 그 속에서 나는 나를 안아본다.

너를 이해하려는 마음은 말하지 못한 진심을 꺼내어 서툰 미안함 대신 따뜻한 눈빛 하나로 전하는 사랑의 마음으로.

그리고 우리를 알아가는 길은 함께 웃고, 함께 울던 기억 속에서 서로의 존재가 얼마나 귀했는지를 늦게라도 깨닫는 아름다움일 것이다.

죽음은 끝이 아니라 삶을 더 깊이 살아내기 위한 시작.

오늘을 살아가는 우리가 내일을 향해 남기는 흔적은 결국 사랑이었다고, 그렇게 말할 수 있기를.

작가의 한마디

배고픔보다 더 힘든 건 이별이다

21

아픔의 바다를 건너며

깊은 밤, 차가운 바람 속에서 나는 아픔의 바다를 건넜다.

그 바다는 끝없이 넓고 깊었고, 파도는 내 마음을 부서뜨렸다. 수많은 상처들이 내 몸을 스치고, 눈물은 숨겨진 기억의 바닥을 적셨다.

그리움과 외로움이 뒤엉켜 내 영혼을 무겁게 짓눌렀다.

그러나 나는 멈추지 않았다.

아픔 속에서도 나는 길을 찾았다. 깊은 어둠 속에 작은 빛이 있었고, 그 빛은 내 안의 희망이었다. 아픔은 나를 부서뜨리려 했지만, 그 부서진 조각들은 오히려 나를 더욱 단단하게 만들었다.

나는 알게 되었다.

진정한 강함은 상처를 인정하고, 그 안에서 다시 일어서는 용기임을. 아픔은 나의 일부이고, 그 아픔 속에서 나는 삶의 진실을 배웠다.

그래서 오늘도 나는 아픔의 바다를 건너며, 한 걸음씩 나아간다.

그 끝에 빛나는 새벽이 기다리고 있음을 믿으며.

작가의 한마디

죽음이 두렵지 않은 이유,
추억이 잊혀지는 아픔이 더 크기 때문이다.

22

사람들은

나를 향해
응원을 해주는 듯 보여도
사실은 사람들이 나를 향해
자신의 부재를
자신의 아쉬움을
자신의 시기심을 감추고만 있어요
이도 저도 아닌, 연못에 돌 던져 개구리가 죽든 말든
자신만의 삶이 가장 중요하고
자신만의 인생이 가장 소중하기에
그러하니, 당신
자신에게 충실하고
타인에 말과 충고에 흔들리지 마세요
후회합니다

작가의 한마디

세상은 응원하는 듯 보이지만,
결국 나를 지키는 건 나 자신뿐이다.

23

내 인생의 하루를 소중이 여기며

인생의 하루는
마치 한 편의 짧은 시처럼
조용히 시작되어 조용히 끝나간다
그 하루 속에는 수많은 생각과 감정이 뒤섞여 있다
기쁨도, 슬픔도, 후회도, 희망도 함께 숨 쉰다.
우리가 할 수 있는 것은
그 하루를 충실히 살아내는 것
때로는 넘어지고 때로는 웃으며 때로는 멈춰 서서
자신을 돌아보는 시간도 갖는다
인생의 하루는 그렇게 모여
한 사람의 삶이 된다
오늘도 나는
내 인생의 하루를 소중히 여기며 걸어간다

작가의 한마디

하늘을 바라보는 여유를 찾을 줄도 알아야 한다.

24

저마다의 인생빛

자신의 색으로, 자신의 잎으로, 자신의 몫으로 꽃을 피우는 봄
그 봄은 자유로움이요 그 봄은 모두의 희망이다.
그 봄이 사계절을 이루며 자신감을 뽐내기도 하고 여유를 부리기도 해준다.
다음에 들어오는 여름, 가을, 겨울을 바라보며…

봄, 저마다의 빛으로 피어나는 순간. 봄은 누구에게나 공평하게 찾아오지만, 그 안에서 피어나는 꽃은 모두 다르다. 어떤 이는 노란 민들레처럼 소박하게, 또 어떤 이는 벚꽃처럼 화려하게 자신의 삶을 피워낸다. 그 빛은 정해진 색이 아니라, 살아온 시간과 마음의 결이 스며든 고유한 색이다.

잎 하나에도 사연이 있고, 꽃 한 송이에도 인내가 있다. 누군가는 긴 겨울을 지나 마침내 피어난 것이고, 또 누군가는 아직 피어날 준비를 하고 있는 중이다. 그래서 봄은 단순한 계절이 아니라, 자신의 몫으로 살아가는 모든 존재에게 주어진 자유의 시간이다.

그 자유는 희망이 되고, 그 희망은 다시 사계절을 이룬다. 봄은 끝나지 않는다. 우리 안의 봄은, 살아가는 내내 계속 피어난다.

작가의 한마디

봄은 자유다.
그리고 우리 모두의 시작이며 우리 모두의 희망이다.

25

진실한 마음으로

나의 아름다운 소리를 내어 주고 싶다
나의 빛나는 시간을 만들어 주고 싶다
지금 이순간들을 채워서 현실과 맞서
비록 고단하고 가난한 나의 일생이였지만
사랑하는 나에게
나다움으로 나스럽게 살다가 가게 해주려고 한다
남은 날들의
건강과 행복 긍정이 리셋되길 바라는
진심의 마음으로

작가의 한마디

남은 계절이 빛나길, 나를 위한 노래를 부르며.
고단했던 하루 끝에, 나를 안아주는 건 언제나 나의 진심이었다.

26

나의 죽음, 너의 죽음, 우리의 죽음 앞에서

나의 죽음, 너의 죽음, 그리고 우리의 죽음.

인생이라는 여정에서 죽음은 언제나 피할 수 없는 마침표이자, 가장 깊은 질문이다.

우리는 모두 언젠가 맞이할 나의 죽음을 생각하며 두려워하거나 회피한다. 그러나 죽음은 단순히 개인의 끝만을 의미하지 않는다.

그것은 너의 죽음이기도 하며, 결국 우리의 죽음이기도 하다.

나의 죽음은 내가 겪는 마지막 순간이지만, 동시에 그 죽음은 너와 나를 연결하는 보이지 않는 끈이 된다.

내가 사라진 자리에는 너의 기억과 그리움이 남고, 너 역시 언젠가 그 자리에 나의 흔적을 남기게 될 것이다.

너의 죽음은 나에게 닿은 생의 무게이자, 우리 모두가 함께 짊어져야 할 삶의 진실이다.

죽음은 우리를 고립시키는 것이 아니라, 역설적으로 '우리'를 깨닫게 한다. 혼자서는 알 수 없던 존재의 의미를 타인의 죽음 속에서 발견한다. 그것은 나를 비추는 거울이자, 삶의 가치를 재정의하는 계기가 된다. 너의 죽음 앞에서 나는 내 삶을 다시 바라보고, 나의 죽음 앞에서 너를 떠올리며,

우리의 죽음 앞에서 인간이라는 근본적 존재를 사유한다.

우리는 죽음 앞에서 비로소 진정한 평등을 경험한다. 부와 권력, 명예도 결국 허망한 것이 되어버리는 그 순간, 오직 삶의 무게와 사랑의 흔적만이 의미를 갖는다. 그래서 죽음은 두려움의 대상이면서도, 동시에 삶을 더 깊이 사랑하도록 만드는 힘이다.

그리고 우리의 죽음은 단순한 개인의 끝이 아니라, 세대를 잇는 삶의 연속이다. 우리가 남긴 흔적은 누군가의 기억 속에서 다시 살아나고, 그 기억은 또 다른 이의 삶에 닿아 새로운 의미가 된다. 결국 '우리'라는 이름으로 이어지는 이 순환 속에서, 죽음은 삶의 일부로서 존재한다.

죽음 앞에서 나는 묻는다. 어떻게 살아야 할까?

어떤 발자취를 남겨야 할까?

그리고 그 질문은 나를 지금 여기, 이 순간에 집중하게 한다.

나의 죽음, 너의 죽음, 우리의 죽음.

그 끝에서 우리는 삶을, 그리고 서로를 더 깊이 이해할 수 있기를.

그리고 그 이해 속에서 비로소 진정한 '나'와 '너' 그리고 '우리'를 발견할 수 있기를.

작가의 한마디

죽음 앞에서 나는 묻는다. 어떻게 살아야 할까?
어떤 발자취를 남겨야 할까?
그 질문이 나를 지금 여기, 이 순간에 집중하게 한다.
나의 죽음, 너의 죽음, 우리의 죽음.
그 끝에서 우리는 삶을, 그리고 서로를 더 깊이 이해할 수 있기를.
그리고 그 이해 속에서 비로소 진정한 '나'와 '너'
그리고 '우리'를 발견할 수 있기를.

27

당신에게

인생에서 가장 후회되는 것이 뭐냐고 묻는다면
우리는 늘 선택의 자리에서
있는 힘을 다해 흔들리며 버텨왔어요
바람 불면 바람 타고 비 오면 비바람 따라
햇살이 좋은 날에는 빛을 찾아
나를 잃어버리지 않으려 애쓰며 자리를 지켰답니다
그런데 오십 년 육십 년을 지나 칠십, 팔십을 살아온
암진단을 받으신 친정아버지가 말씀하시네요
인생은 한 번뿐이란다
후회하지 않고 살기 위해서 오늘을 보내라
그리고 건강을 꼭 체크해라
건강은 돈과 비교되지 않는 생명수임을 잊지 마라

작가의 한마디

인생은 한 번뿐, 오늘을 소중히 여기고
건강을 지키는 것이 진짜 부유함이다!

28

때때로 나는

아주 힘든 상황이 나에게 반복되어질
옳은 것들에만 집중하게 된다면
행복을 찾을 수 있으리라
내 안의 자아존중감이
싹을 틔움을
내 안의 자존심이
힘을 내길

작가의 한마디

힘든 순간에도 옳은 것에 집중하면,
자아존중감이 자라 행복을 맞이한다.

29

과거의 추억은 누구에게나

기억되길 원한다
추억상자 안에 뒤범벅이 된 나의 삶을
어느 누구도 평가할 의무나 권리를 갖고 있지 않기에…
현재의 나는 미래에서 바라보는 오늘의 나를
웃으며 만날 수 있도록
삶과 죽음의 경계에서 행할 수 있는
내 모든 영혼을 담아서
내 육체의 수행이 이루어지길
간절히 바래고 바랜다

작가의 한마디

과거의 삶을 평가하지 않고,
미래의 나와 화해하며 오늘을 살아가고 싶다.

30

너무도 여유롭다

혼자 있는 시간이
이렇게나 아름답고, 흥미롭고, 감사하고, 심지어 재미지기까지 하다니
산속의 조용한 카페
커피 한 잔 옆에 노트 한 권
글을 쓰며 조심스레 내가 지나온 시간들을 복기해본다
아마도 이 모든 건 초록이 짙어져 가는 봄날이
내게 선물해 준 소중한 여유 덕분일 것이다
문득, 내 안의 또 다른 내가 나직이 속삭인다.
"누굴 미워할 시간에, 누군가를 사랑해 보자
누굴 욕할 시간에, 누군가에게 따뜻함을 건네보자
누굴 부러워할 때, 그 시간으로 누군가를 위로해 보자"
그 말에 고개를 끄덕인다, 그래
내가 나에게 건네는 이 말이 내 삶의 방향이 되어야겠다고

작가의 한마디

홀로서기는 삶과 죽음의 근본 원리이다.

31

“욕심 없어요”라는 말의 진심

누군가 말합니다. “저는요, 욕심이 없어요.”
그래서 “욕심내는 스타일이 아니에요.”
거짓발광 블루스 추는 소리 좀 하지 말아라, 제발
욕심이 없는 사람은
그 상황, 그 조건 속에 애초에 들어오지도 않는다
그저 “욕심이 없다”는 말로
자기 욕망을 슬쩍 포장하고 싶은 것뿐이다
그건 욕심이 없는 게 아니다.
그건, 합리화다
차라리 침묵해라
그 침묵이 너를 더 지켜줄 것이다
인간은 누구나 욕심 덩어리다
모순 위에 또 모순이 겹겹이 얽힌
조각조각 쪼개진 감정들로 이루어진
하나의 암흑적인 섬 같은 존재
너도 나도, 우리 모두 그렇다

그런데 어디서 너만 혼자 아니라고 그런 척을 하는지
나는 한때 믿었다.
정말 그런 사람인가 진심인가
아니면 그냥 잘 포장된 가식인가?
결국 시간이 알려준다
결론은 언제나 같았다
그 사람도 결국, 욕심쟁이였다.
나는 그때마다 뒷북처럼 깨달았다. "욕심 없어요."
그 말의 진짜 뜻은 이랬던 거다
"사실은 저도 욕심이 있습니다
그러니 제 욕심을 함부로 보지 마세요. 무시하지 마세요
저도 갖고 싶은 게 있어요."
그 말은, 경고였다. "나를 깐보지 마십시오."
그 한마디로, 사람은 자신을 방어하고 있었던 것이다
그리고 나는 알게 됐다
욕심은 인간의 본능이다
욕심은 우리 모두의 습성이고 본성이었다
그걸 인정하지 못하면 결국 자기 자신에게도, 남에게도 거짓을 말하게 된다
7년 전에도, 지금도, 나는 여전히 그 진실 앞에서 뒷북을 맞곤 한다

작가의 한마디

욕심을 부정하는 사람을 보면
이제는 그 사람이 진짜로 욕심이 없는 게 아니라,
욕심을 숨기며 살아온 시간이 많았구나, 하고 바라본다.
그 사람이 무너질 때, 진짜 그 사람의 얼굴이 드러나니까.

32

아주 갑자기

무기력했다
무슨 일을 하고자 하는 마음조차 생기지 않았다
번아웃 같았다
매일같이 반복되는 시간 속에서 나는 나에게
포기하고 싶은 마음을 내밀곤 했다
살은 찌고, 몸은 망가지고, 뇌는 멈춘 듯한 그런 시간들.
그런데…, 새벽 1시 갑자기 눈이 떠졌다
그리고 그 순간 내 머릿속 어딘가에서
지루함과 반복의 무의미함을 던져버린 나의 뇌를 마주했다.
갑자기 나는 생각했다.
"이제는 나를 위해 앞으로 나아가야 한다."
그렇게, 아주 갑자기

작가의 한마디

때로는 아무 징조 없이, 그냥 새벽에
'다시 시작하자'는 마음이
슬며시, 그러나 강하게 찾아올 때가 있다. 그 순간을 붙잡을 수 있다면,
우리는 다시 살아갈 수 있다.

33

홀로 왔다 홀로 가는 길

사람은 누구나 행복하길 바라고
부자가 되길 바라고
혼자이기보다는 함께이길 바란다
그럼에도 불구하고…
우리는 처음 여행을 떠날 때도
마지막 여행을 마칠 때도 혼자였다
그리고 지금도 혼자다

여고 시절, 『홀로서기』라는 책이 유행했었다. 그 시절, 그 책을 쓴 작가는 대학생 오빠였고, 우린 그가 써내려간 문장들 속에서 어설프게 어른이 되는 연습을 했다. 그 책의 한 구절이 아직도 생각난다.

"홀로 왔다 홀로 떠나는 인생길."

어느 대학에 놀러갔다가 화장실에 낙서를 보며…, 19살 나이에 나는 홀로서기를… 알게 되었다

외롭지 않기 위해서 나는 지금부터 연습해야겠다

건강할 때, 행복할 때, 즐거울 때, 웃고 있을 때.

혼자 있는 법을 연습해 두자
그렇게 홀로 있음이 고통이 아닌
내 삶의 온전한 형태가 되도록
반백 년 살아보니
그 구절이 반백 년만큼 깊이 공감된다
홀로 왔다 홀로 가는 길
그리고 나는 이제 안다
동무란 살아 있을 때 함께 웃고
함께 울 수 있을 때
비로소 존재하는 것이라는 걸

작가의 한마디

나는, 어쩌면 외로움을 견디는 일이 아니라,
함께였던 순간들을 소중히 기억할 수 있는 연습일지도 모른다.

34

하룻밤 꿈 같은 나의 인생길이라

누구나 내 삶이 가장 아름다워야 한다
누구든 내 하루가 가장 행복해야 한다
누구라도, 내가 살아온 날들이 최고의 날들이 되기 위해
나는 숨을 쉬고, 달리며, 버티고, 기다리며, 살아왔다.
짧은 하루들, 그러나 긴 시간들은…
생로병사라는 당연함을 등에 지고
고진감래라는 여행길처럼 참 흥미로웠구나
그리고 마침 하룻밤 꿈처럼 낡은 사진 한 장처럼
나는 그렇게 살아왔다, 나의 인생길
항상, 언제나, 나는 재미있게 살길 바랐다
후회는 조금 있을지라도 울며 지쳐
힘 빠지는 몸을 안고 서운해하지 않길 스스로 기도했다
그래서 나는 하룻밤 꿈이 또 다시 오기를
가볍게, 그러나 간절히 기원했다

작가의 한마디

살아있을 때, 나는 재미지게 살길 바랐다.
그러니 이제, 이 꿈도 참 괜찮았다고 말할 수 있다.

35

세상의 빛을 보며 남겨놓은 것들

그리움의 결을 따라

세상이 조용히 숨을 고르는 새벽, 나는 문득 멈춰 선다. 어디선가 들려오는 바람의 속삭임이, 오래전 잊고 지낸 기억을 불러낸다. 그날의 너는 웃고 있었고, 나는 그 웃음이 영원할 거라 믿었다. 하지만 모든 것은 흐르고, 모든 것은 지나간다. 사랑도, 약속도, 눈빛도…, 시간 앞에서는 모두가 겸손해진다.

나는 종종 그 순간들을 꺼내어 손바닥 위에 올려본다. 마치 오래된 사진처럼, 빛바랜 감정들이 그 위에 고요히 앉아있다. 그리움은 아픔이 아니라, 살아있다는 증거라는 걸 이제는 안다. 우리가 함께 했던 시간은 사라진 것이 아니라, 내 안에 고이 남아 지금의 나를 조금 더 따뜻하게 만든다.

작가의 한마디

우린 홀로 왔고, 홀로 떠난다.
그 사이에 사랑할 수 있다면, 그것으로 충분하다.

36

삶의 끝에서 피어난 용기

감정을 껴안고, 아름다움을 살아내는 삶을 살고 싶다.

우리는 살아가면서 수많은 감정을 마주한다. 기쁨과 슬픔, 사랑과 분노, 설렘과 두려움. 이 감정들은 때로 우리를 흔들고, 때로 우리를 일으킨다. 감정은 인간을 인간답게 만드는 가장 근본적인 언어다.

그러나 많은 사람들은 감정을 숨기고, 억누르고, 외면하며 살아간다. 마치 감정을 드러내는 것이 약함인 것처럼.

하지만 나는 말하고 싶다. 감정을 표현하는 것은 용기이며, 감정을 느끼는 것은 삶을 살아내는 가장 진실한 방식이라고. 또한 감정은 삶의 빛이라고 말하고 싶다.

감정은 우리를 살아있게 만든다. 사랑하는 사람을 바라볼 때 느껴지는 따뜻함, 실패했을 때 찾아오는 아쉬움, 새로운 도전을 앞두고 느끼는 떨림. 이 모든 감정은 우리 삶을 빛나게 한다.

감정이 없다면, 우리는 단지 움직이는 존재일 뿐이다. 감정을 느끼고, 표현하고, 나누는 순간 우리는 비로소 '살아있다'고 말할 수 있다.

또한 어쩜, 아름다움은 감정 속에 있다고 생각한다.

아름다움은 눈에 보이는 것이 아니다. 그것은 마음으로 느끼는 것이다. 누군가의 진심어린 말 한마디, 바람에 흔들리는 나뭇잎, 아이의 웃음소리,

오래된 기억 속 따뜻한 순간들. 이 모든 것은 감정을 통해 아름다움으로 변한다. 감정을 껴안는 사람만이 진짜 아름다움을 발견할 수 있다. 그래서 후회 없는 삶을 위한 선택을 하지 않아야 한다.

우리는 종종 후회한다.

"그때 왜 그랬을까", "좀 더 용기 냈으면 좋았을 텐데", "그 말을 왜 못했을까…."

하지만 후회는 지나간 시간을 바꾸지 못한다. 오히려 현재를 갉아먹는다. 후회 없는 삶을 살기 위해서는 지금 이 순간을 진심으로 살아야 한다. 하고 싶은 말은 지금 하고, 사랑은 지금 표현하고, 도전은 지금 시작해야 한다.

실패해도 괜찮다. 중요한 건 시도했다는 사실이다. 그 용기가 후회를 막는다. 후회는 지나간 시간에 머무르지만, 용기는 현재를 바꾼다.

나는, 감정을 표현하는 용기가 우리 모두에게 필요하다고 생각한다. 감정을 표현하는 것은 두려운 일이다. 거절당할까 봐, 오해받을까 봐, 상처를 받을까 봐. 하지만 감정을 표현하지 않으면 우리는 진짜 관계를 맺을 수 없다. 감정을 표현하는 순간, 우리는 더 깊은 연결을 만들고, 더 진실한 삶을 살아간다.

눈물을 흘리는 사람은 감정을 느낄 줄 아는 사람이고, 사랑을 고백하는 사람은 두려움을 이겨낸 사람이며, 분노를 드러내는 사람은 정의를 품은 사람이다. 감정을 표현하는 것은 인간으로서의 용기다. 이처럼 삶의 끝에서 웃을 수 있도록 노력하는 삶, 죽음은 누구에게나 찾아온다. 그 순간, 우리는 삶을 되돌아보게 된다. 그때 "잘 살았다"고 말할 수 있으려면, 지금 이 순간을 후회 없이 살아야 한다. 감정을 느끼고, 아름다움을 발견하고, 사랑하고, 용기 내어 표현하며 살아가는 것. 그것이 삶의 끝에서 웃을 수 있는 방법이다.

작가의 한마디

어두워졌을 때 비로서 밝음의 가치를 알 수 있다

37

걱정 말아요

당신과 내가 아름다웠던 시간들은 추억이라는
한 장의 그림처럼 곱고 예쁘게 잘 정리되어 있으니까요
애써 잊으려 하지 말아요, 미안하던 마음도
고마운 마음도… 모든 것이
'함께'였기에 가능했던 진심
그건 소중하고 귀한 것들이라
나는 지금도 조용히, 잘 보관하고 있어요
애써 감추려고만 하지 말아요
감사와 희망으로 우리 함께 앞으로 나아가며
서로를 의지하고 서로를 아꼈던 그 시간…
나는 잊지 않을게요 잘 간직할게요.
애써 마음 아파하지 말아요
당신의 그 마음, 그 손길
그 다정한 '스담스담'의 온기…
나는 분명히 느낄 수 있었어요. 그 모든 순간들을
나는 또렷하게 기억하고 있으니까요
걱정 말아요, 그대여

당신의 사랑은 충분히 나에게 닿았습니다

사랑해요, 박종용 님!

작가의 한마디

표현하며 살다 가자꾸나,
안 그러면 똥떵어리 같은 응어리가 내 몸에 찾아와 깔깔댈 걸!

38

세월 이기며 사는 동안

"나는 혼자서 나만의 여행을 단 한 번이라도 떠나본 적이 있었던가."

문득, 나에게 물어봅니다.

늘 가족이라는 이름으로 서로를 이해하고 배려하며 살아야 한다고 애써왔던 날들이 떠오릅니다.

그러고 보니, 나는 그들로부터 진짜 이해받고, 진심으로 격려받은 적이 있었을까요.

다시, 나에게 묻습니다. 아니었습니다. 없었습니다.

받아본 적도, 느껴본 적도 없었습니다.

나는 마음을 내어주는 일이 참 쉬웠습니다.

몸을 써서 다가가는 일도 낯설지 않았습니다.

그런데도, 돌아오는 따뜻함은 언제나 더뎠고, 언제나 모자랐습니다.

그래서 문득 이런 생각이 들었습니다.

나는 왜 이렇게 살아왔을까.

왜 이런 삶의 주인이 되어 있었을까.

참 열심히 살았습니다.

참 많이 웃었습니다.

그런데 돌아보면, 참 많이 외로웠습니다.

내가 살아온 그 수많은 날들과 내가 살아가고 있는 이 하루하루가… 어느 날 공기보다 가볍고, 마음보다 무겁게 가슴 위에 내려앉아 버티고 서 있었습니다.

그리고 자꾸만 뒤를 돌아보게 합니다.

무거운 세월을 혼자서 짊어지고 가는 그 느낌처럼…

작가의 한마디

사는 날까지 내 몸을 잘 챙겨야,
가족의 사랑도 오래갈 수 있다.

39

죽음이 내게 속삭인 말

죽음이 속삭인 삶의 방식을 너는 아니?

죽음은 어느 날 문득 내게 다가와 조용히 속삭였다.

"언젠가 너희 모두를 데려갈 거야. 그러니 그때까지는 살아야 해. 진짜로 살아야 해."

그 말은 위협이 아니었다. 오히려 다정한 충고처럼 들렸다. 죽음은 우리가 잊고 지내던 삶의 본질을 상기시켜주었다. 웃고, 기뻐하고, 서로를 위해 살아가는 삶. 그것이 우리가 남겨야 할 흔적이라고.

우리는 늘 알고 있었다. 삶이 영원하지 않다는 것을. 하지만 알면서도 외면했고, 알면서도 모른 척하며 살아왔다. 그렇게 하루하루를 흘려보내며, 후회라는 이름의 그림자를 키워왔다.

죽음은 말했다.

"기회주의라고 불릴지라도, 가끔은 타인을 위해 살아볼 줄 알아야 해. 네 호주머니 속의 돈이 소중하다면, 타인의 돈도 똑같이 소중한 거야. 네 감정이 아프고 무겁다면, 타인의 감정도 그만큼 무겁고 아픈 거야."

그 말은 내 마음을 흔들었다. 우리는 너무 자주 '나'만을 중심에 두고 살아간다. '너'는 배경이 되고, '우리'는 잊혀진다. 하지만 죽음은 '우리'를 기억하라고 했다. 함께 웃고, 함께 울고, 함께 살아가야 한다고.

행복은 혼자서는 완성되지 않는다. 희망은 나만의 것이 아니라, 너와 나, 그리고 우리가 함께 만들어가는 것이다. 그 속에서 우리는 노력하고, 때로는 넘어지고, 다시 일어나며 살아간다.

그리고 결국, 우리는 모두 '안녕'을 해야 한다. 그 순간이 오기 전에, 조금이라도 덜 후회하려면 지금을 더 진심으로 살아야 한다. 더 많이 웃고, 더 많이 나누고, 더 많이 사랑해야 한다.

죽음은 마지막으로 이렇게 말했다.

"내가 너희를 데려갈 때, 너희가 남긴 삶이 누군가에게 따뜻한 기억이었기를 바란다."

나는 그 말을 마음 깊이 새겼다. 그리고 오늘, 조금 더 이타적으로, 조금 더 온전히 살아가기로 했다.

작가의 한마디

죽음이 속삭인 삶의 방식은,
결국 서로를 더 깊이 껴안고 살아가라는 조용한 외침이었다.

40

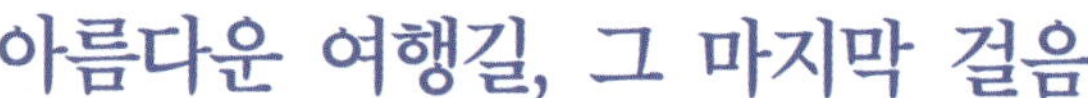

아름다운 여행길, 그 마지막 걸음

안녕히, 조심히 당신의 길을 가세요.

내 이름을 불러주시며, 이 길이 어둡고 고통스럽다고 생각하지 마세요.

달님과 별님을 따라 조심히 조심히…, 당신의 길을 천천히 잘 걸어가시면 됩니다.

당신과의 만남으로 하루하루가, 그리고 한평생이 언제나 즐겁기만 하진 않았지만…, 그 긴 여정 속에서 당신을 이해하고 사랑하는 법을 알게 되었기에, 이제는 당신을 떠나보내는 데 미련이 없습니다.

부디 당신의 아름다운 마지막 길을 기억해 주세요.

제 곁을 당신이 떠날 때, 당신이 내게 귓속말로 전해주세요.

"고생하셨어요. 그리고 안녕히 잘 가세요. 나를 사랑해 주셔서 감사합니다."

남아 있는 이도, 떠나가는 이도 이런 마음으로 서로를 위로하며 이별하고 싶어합니다.

이별은 언제나 갑작스럽다. 아무리 마음속으로 수없이 시뮬레이션해도, 실제의 순간은 늘 예기치 못한 감정으로 덮쳐온다. 그래서 우리는 이별을 연습한다. 누군가의 말투를 잊는 법, 함께 걷던 길을 혼자 걷는 법, 익숙한 이름을 입에 올리지 않는 법. 그렇게 조금씩, 아주 조금씩, 마음의 공간을 비워내는 연습을 한다.

처음엔 그 빈자리가 너무 커서 숨이 막히지만, 시간이 지나면 그 자리에 바람이 들고, 햇살이 들고, 새로운 계절이 들어온다. 이별은 끝이 아니라 변화의 시작이다. 우리가 연습하는 건, 사라짐이 아니라 받아들임이다.

작가의 한마디

삶도 죽음도 연습이 필요하다.
두렵지 아니함은 삶과 죽음이 똑같다.

죽음책을 마무리 하며

나는 사람의 마음을 위로하는 일이, 향기로운 꽃 한 송이를 건네는 일과 같다는 생각을 자주한다.

이별 뒤 찾아오는 외로움과 슬픔, 깊은 아픔 속에서 글을 쓰고 나면, 내 마음 한쪽이 따뜻해지는 순간을 여러 번 경험했다. 엄마를 보내고, 아빠를 보내고, 어머님을 보내고, 친구를 보내면서 나는 글을 통해 씩씩해지려 애썼다. 삶과 죽음을 하나로 받아들이기 위해 글로 공부해 온 시간이었다.

우리가 처음 한글을 배울 때 글공부를 하듯, 이별 공부도 마찬가지다. 왜 인간은 아파야 하는지, 왜 영원히 살 수 없는지, 왜 이별은 언제나 아픔을 동반하는지…, 이런 물음들이 바로 공부의 시작이다.

아픈 이들을 만날 때 나는 먼저 눈물이 난다. 그들의 고통을 다 알 수도, 다 감당할 수도 없음을 알기에, 그저 곁에서 바라보고, 들어주고, 함께 있어 주는 것. 그것이 내가 할 수 있는 최선이었다. 결국 각자의 아픔은 자기 자신에게 가장 크다. 다만 서로의 아픔을 바라봐 주는 순간, 그 마음에 작은 여유가 싹튼다.

오랫동안 강의를 해 왔지만 유독 힘든 시간이 있다. 잘 웃지 않는 이들을 만났을 때다. 웃음 없는 얼굴들 속에서 삶의 무게를 느낀다. 그러나 웃는다고 시간이 멈추지 않고, 운다고 세월이 늦춰지지 않는다. 삶은 어차피 흘러가는 강물 같아서, 우리는 그 속에서 잠시 미소 지을 기회를 잃지 않아야 한다.

웰빙(Well-being), 잘 먹고 잘 살아야 잘 죽을 수 있다. 그래서 우리는 웰다잉(Well-dying)이란 말도 만들었다. 사실 죽음은 누구에게나 두렵다. 나 또한 아빠와 엄마의 마지막을 지켜보며 그 두려움과 깊은 슬픔을 온몸으로 겪었다. 그러나 그 순간조차 배움이었다. 나는 스스로 다짐했다. 저렇게 아프고 슬프게 떠나지 않으려면, 지금을 더 잘 살아야 한다고.

죽음을 공부한다는 건, 삶을 예습하고 복습하는 일이다.

그래서 나는 오늘도 사람들에게 말하고 싶다.

"국·영·수 공부만큼, 이제는 우리 모두 웰다잉 공부를 시작해 봅시다."

2026년 1월

저자 정 지 승

죽음을 배우면 삶이 반짝인다

정지승 지음

초판발행일 2026년 1월 14일

지은이 : 정지승
발행인 : 김순진
편집장 : 전하라
디자인 : 김초롱
펴낸곳 : 도서출판 문학공원
등　록 : 2004년 3월 9일 제6-706호
주　소 : 우편번호 03382 서울 은평구 통일로 633
녹번오피스텔 501호 스토리문학사
전　화 : 02-2234-1666
팩　스 : 02-2236-1666
홈페이지 : https://blog.naver.com/ksj5562
이메일 : 4615562@hanmail.net